正向聚焦

有效肯定的三十種變化，點燃孩子的內在動力

陳志恆

推薦序

正向聚焦，開啟人生幸福的關鍵密碼

無憂花學堂執行長　江宏志

無憂花學堂是一個女性終身學習的學堂，宗旨是傳遞福智創辦人日常老和尚留給世人的法寶——觀功念恩。觀功，多看別人的功德也，功德並不是宗教的專屬用語，而是「好的」的集合名詞。

多年來，不管是專題演講、姊妹成長營或工作坊，我們的課程核心理念就是「See the good」，正面看待生命中發生的所有事情，就是變得幸福的密碼。

過去這些年，我們陸續邀約陳志恆老師到無憂花學堂，分享親子關係的講題，這群清一色的媽媽（無憂花姊妹）都覺得非常受用。

每個人終其一生，都希望得到他人的認同與讚賞，大人如此，小孩亦然。小孩會希望自己在父母的眼中是個好孩子，但是很多父母出於愛護小孩，深怕孩子競爭不過人家，總是聚焦在子女比較弱的那門課業，這種「觀過」心態，最常用一種理由是「我是為你好」。

一個孩子長期被指責與批評，在成長過程中較易變得沒有自信。其實，沒自信並不是最慘的狀況，最慘的是，小孩認為表現不好會得不到父母的愛，內在產生了焦慮，長此以往，最後常見的情況是，既然得不到父母的喜歡與讚美，那就不如放棄吧！於是，親子關係出現難以彌補的裂痕。

志恆老師對「正向聚焦」的定義是：「透過將眼光放在一個人積極正向的焦點上，而給予能帶來力量的肯定與讚美。」顯然，光有發現美的眼睛是不夠的，還要給予「帶來力量的肯定與讚美」，在書中，志恆老師整理出二大脈絡、五種層次及三項佐證，不論對家長或老師都非常實用。

本書提醒了我們，為人父母者應該多關注小孩的亮點，讓孩子在我們的面前有信心。當我們正面聚焦在孩子的亮點時，他自然會產生自信心。一個有自信的小孩，為了得到更多的認同與讚美，會試著主動去改善自己的短處。因此，教育專家與學者才會不斷提醒家長與老師，要用心找到孩子的亮點，並給予正面的肯定。

個人非常榮幸能受邀為志恆老師的新書寫推薦序，我想用印度聖雄甘地的話與大家共勉，他說：「一點點練習，比講一堆道理更有用！」因為我們多年的習性是「負向聚焦」，閱讀本書是啟動「正向聚焦」的開學，而不是畢業！

為了孩子，因為愛，希望讀者能啟動正向聚焦與正向溝通的練習。在人生的旅途中，或許我們會驚訝的發現，自己的幸福指數因為練習正向聚焦而提升了，進而明白哲學家尼采的話：「偉大的風景是為平凡的藝術家準備的；平凡的風景是為偉大的藝術家準備的。」

祝福翻閱此書的您，當一個偉大的生活藝術家！

推薦序

正向聚焦，讓人生升級、關係圓滿

全國 Super 教師　余懷瑾

我帶過近二千名學生，家長最常問我的問題是：「為什麼孩子沒有自信呢？」

請容我援引課堂中常見的場景為例。老師提問時，多數學生會左顧右盼，巴巴的望著老師或同學，其他學生則會偷渡答案給當事人，以期安全下莊。問題並不是太難，學生也不是不會，而是怕說錯，怕被笑，不相信自己做得到，少了答題的勇氣。

有一年，我的班上來了個巴西的外籍學生 Manon，是看不懂中文、聽不懂國語、零起點的學生。全班默書時，我問她願不願意嘗試用「排排卡」的方式，跟同學一樣挑戰默書，她同意了。我讓她先看魏徵〈諫太宗十思疏〉的課文，這些文字對她來說像天書一樣。默不出書的學生悄悄跟我說：「仙女，你也太狠了吧！怎麼這樣對待她。」我微笑回答：「沒問題的，Manon 做得到。」

全班默完書，我讓 Manon 把課本合起來，拿出早已為她準備好的十二張卡片：「誠能見可欲」、「則思知足以自戒」、「將有所作」、「則思知止以安人」、「念高危」、「則思謙沖而自牧」、「懼滿溢」、「則思江海而下百川」、「樂盤游」、「則思三驅以為度」、「憂懈怠」、「則思慎始而敬終」。

我刻意在 Manon 面前洗牌，再請她依照課文排列。她小心翼翼回想剛才的課文，身邊的同學不忍心她「受苦」，輕聲發出「不是這張」的提醒，當她移錯時，有人會「欸」的驚呼，Manon 被這些聲音左右了。

我嚴肅的跟全班說：「交換學生來到台灣，不只要學語文，在陌生的環境裡，她得設法解決遇到的所有問題，我相信 Manon 正在找尋方法，請大家不要打斷她，不要發出任何聲音，不要給她任何提示，讓她用自己的步調學習。請給她機會，相信她，她做得到的。」

不知道學生是被我的表情嚇到，還是決定成就Manon的學習，頓時間，全安靜下來，小動作消失了。

當Manon排對第一張「誠能見可欲」時，旁觀的學生滿是佩服、眼神有光，想尖叫的學生用手摀住了嘴。當她摸錯下一張卡時，我看到學生們深吸口氣、屏氣凝神，很配合的沒發出任何聲響；我不時點頭，嘉許學生們用無聲的方式表現情緒，給Manon專注思考的空間。

最後，在她排對最後一張卡時，全班響起歡呼聲，比自己默書考滿分還要興奮。

「我不敢相信她做到了。太誇張了。」

「她才看課本幾分鐘，怎麼能夠這麼厲害？」

「她明明一句中文都看不懂，竟然可以完成。」

Manon則是驚魂未定，不斷說：「Oh! My god.」還有對我說：「謝謝。」這兩個字我聽得特別清楚，應該是她給我最棒的讚美。我認為貿然在對方徬徨無助時的施予，並非善意，而是斷了她嘗試的種種可能，使我們的善意成為當事人的自我質疑。這是我的教學理念。

等到我看了志恆的這本書，才更明白什麼是「正向聚焦」，溫柔而堅定的等待，肯定相信與承認，這些不再是口號，而是有方法、有系統、有理論依據的。甚至在志恆處理過的大量案例中，信手拈來皆是日常實例，把當事人的想法和困境，透過熟悉的對話讓讀者產生共鳴，進而能夠加以應用與實踐。

如果你受到負面情緒的影響，一定要看這本書，它教你如何找到悅納自己的方法，接受自己。

如果你想要在困頓中找到力量，一定要看這本書，它教你用成長心態擺脫舊有框架。

如果你老是說出讓人洩氣的話，一定要看這本書，它透過脈絡化的思路引導你檢視自己，走出死胡同。

《正向聚焦》不只是本親子教養書，更是幫助你人生升級的寶典，有了它，人際相處大躍進。

此外，你可以試著找找看，志恆有多少例子以老婆為主角，這樣公然放閃是在告訴我們，正向聚焦從身邊的人做起更明智哦！

推薦序

跳脫批評與指責，建立良好的互動關係

諮商心理師　胡展誥

看到志恆心理師即將出版《正向聚焦》這本書，我大大的鬆了一口氣，並在心裡點燃一朵朵喝采的煙火。因為，我終於不需要再回答「是不是稱讚了孩子，孩子的尾巴就會翹起來？」這類型的問題了。

生活中，父母因為柴、米、油、鹽、醬、醋、茶等大小事忙得焦頭爛額。肩負許多壓力與疲累之際，還得面對孩子的種種問題，心煩意亂之下，開罵都來不及了，怎麼還可能對問題百出的孩子「說好話」呢？更何況：

- 稱讚了表現得好的部分，那表現不好的部分怎麼辦？
- 說孩子「頭腦聰明，只是不夠用功」，但他並沒有因而更努力。

・說孩子表現好，結果他竟然要我買手機給他，這像話嗎？

上述這些情境，曾在你與孩子的互動中上演過嗎？如果有，那你肯定會覺得「說好話」根本是弊大於利，還不如直接指出孩子需要改進的地方、大聲罵幾句比較有效。

這本書，正是為了挫折的大人而寫的。志恆心理師在本書中，帶著讀者一起學習，如何從不同的角度理解、鼓勵孩子，而不只是盲目讚美。

所謂的「正向聚焦」，不是要父母忽略孩子的負向行為、討好孩子，更不是試圖控制孩子行為的手段（即使正向鼓勵往往是調整孩子行為的有力策略）。藉由正向聚焦的觀點與孩子互動，你會跳脫批評與指責的觀點，看見孩子的不同樣貌，甚至理解孩子之所以出現某些行為的目的。

正向聚焦越過大家習慣關注的成就、收入、分數，進而看見一個人的努力、堅持、勇敢、進步等。這麼做可以幫助孩子，從內在長出扎扎實實的自信心、前進的動力，而這份自信心與自動自發，不就是身為父母的您，最希望孩子能夠擁有的嗎？

不過，正向聚焦的威力不僅於此。

聰明的你可能也發現了，正向聚焦在親密關係、人際關係、職場互動、教學現場……全都可以派上用場。它不僅可以幫助你從不同角度來認識一個人，也學會有效鼓勵他人的互動方式。試想，每一個與你互動的人，都能被好好的被理解、欣賞、鼓勵，他們也可能以正向的方式來回應你，從而建立起更棒的互動關係。

或許，看到這裡的你雖然有些心動，好奇如何將正向聚焦落實在親子教育與人際關係裡，但還是有些困惑，不知道該如何實踐，對嗎？

請放心，志恆心理師在書裡提供許多你我生活中經常上演的實例，並且清清楚楚整理出關於正向聚焦實踐的精神與執行策略。而你需要做的，只是每天撥出一些滑手機的時間來閱讀本書，並且挑選自己想要的策略開始練習。

記得，唯有實際在生活中練習、實踐，「改變」才會真正出現。

推薦序

當我們對孩子「正向聚焦」，當下內心就會成為光明

蒙特梭利親職教育專家　羅寶鴻

志恆老師的新書《正向聚焦》，將能拯救許多不懂得與孩子聯結的父母，並照亮許多成長中內心仍未有光明的孩子。

雖然絕大部分的父母深愛孩子，但大多不知道要用什麼方法，幫助孩子生命發展。他們不了解原來給予孩子正向能量，猶如植物需要陽光與水分般重要；也不知道若孩子在沒有正向能量的環境中成長，身體縱然長大了，內心卻是枯萎的。

有鑑於此，我在《羅寶鴻的安定教養學》一書裡，提出使用正向語言、啟發式問句，以及給予即時具體鼓勵的原理與方法，幫助家長給予孩子正

向資源。但因我的書主要以融合蒙特梭利、阿德勒正向教養、薩提爾三大學派為論述，在正向語言應用上只能點到為止，並未充分舉例說明。

很慶幸，《正向聚焦》完全回應到家長對於這方面的需求！

本書以愛為出發，聚焦在如何給予孩子正向語言上。全書內容不但每一章都有充分與具體的舉例，還有精簡與清楚的引導。

父母只要一步步跟著學習，就能既專業又有感的說出正向語言，讓孩子與父母內心都變得光明，進而能創造父母與孩子之間更深的聯結，使彼此愛的能量得以流動。

記得書稿才看到一半時，我就已覺得非常欣喜與痛快。因為本書的內容，已完全補足在我書中還沒說完的話。看著看著，我經驗到內心充滿了正向能量，並且對裡頭的方法躍躍欲試，想要馬上回家對孩子施展「正向聚焦」（笑）。

什麼是孩子最希望的？無非希望自己是被在乎的（歸屬感）。

什麼是孩子內心渴求的？無非希望自己是光明的（價值感）。

《正向聚焦》能讓父母學習到，如何幫助孩子擁有歸屬感與價值感。更妙的是，當我們對孩子「正向聚焦」，當下內心就會成為光明。誠摯推薦這本好書，讓我們一起照亮自己與孩子。

正向推薦

在孩子成長的過程中，你最重視的是什麼？你想如何幫助孩子發掘自己最好的一面？一起把正向的聚光燈，照射在孩子身上吧！本書提供許多方法和想法，陪我們看見孩子閃亮亮的價值。

——諮商心理師　**王雅涵**

孩子的自我價值，來自於父母的正向眼光與語言支持。當孩子得到一次父母的正向評價，其自我價值會大幅攀升，正向情緒將會湧起，帶動一連串的正向化學變化，讓孩子更獨立、更主動、更有自信，與父母的聯結也更加緊密。想教養出高自我價值的孩子，大力推薦志恆老師的《正向聚焦》，所有正向語言的方法與路徑，都一一示範運用，讓父母輕易上手。

——親子作家　**李儀婷**

志恆老師以二大脈絡、五種層次、三項佐證，演變出三十種正向聚焦形式，透過本書系統化的訓練架構，彷彿打通任督二脈，相信必能為你帶來一條轉化親子關係的途徑，重燃親子溫度。

——高雄市諮商心理師公會理事　**林子翔**

「為什麼讀了許多書，仍過不好這一生？」那是因為沒有讀志恆老師的書。二大脈絡、五種層次、三項佐證，簡單易懂，好讀易使。寬容自己，正向聚焦孩子，具體賞識彼此，走在安心成長、充滿愛的路上！

——國小教師、作家　**林怡辰**

千百年來為了維持階級控制，華人的溝通充滿戒慎恐懼的策略。若大人們習慣以「話中有話」與「白色謊言」來面對孩子，該如何真心給出陪伴孩子長大的稱讚？本書給父母師長們重要的解答！

——諮商心理博士、華人創傷知情推廣團隊總召集人　**胡嘉琪**

「原來，我可以更『這樣』看見每個人的好，進而給他人力量。」這是我讀完《正向聚焦》後的第一個念頭！本書真的是所有Giver（老師、家長、主管）必備的實用書，真的太推薦了！

——啟夢教育創辦人、教育創新一百得獎者　**許匡毅**

志恆心理師把教育輔導界最實用的正向行為支持法，以好懂又具體的方式呈現，讓讀者輕鬆閱讀，就能獲得策略好操作、關係能進化的專業知識，實在必須大力推薦。

——米露谷心理治療所執行長、心理師　**陳品皓**

正向聚焦的親子溝通方式，是一種正向的生活習慣。非但是運用在親子之間，伴侶、家人之間也亟需正向的看見！給予發自內心真誠的肯定和讚美，可以帶動關係的正向循環。

——諮商心理師、作家　**黃之盈**

志恆老師的新書《正向聚焦》，是想要鼓勵孩子，卻不知從何開始父母的救星。本書提出了三十種正向聚焦的心法與技法，以各種案例說明，可以讓我們慢慢練習。不只鼓勵孩子，父母更能從自己開始「正向聚焦」，讓我們和孩子更有勇氣、自信與自我肯定！

——綠豆粉圓爸、可能育學創辦人　**趙介亭**

你的每一句話，都影響著孩子的未來：決定他勇往直前，還是裹足不前。只是，怎麼樣的對話才是有效的？答案就在志恆老師的《正向聚焦》中！讀完後，你不再只會詞窮的對孩子說：「很好啊！」而是運用「正向聚焦」句型肯定孩子，讓他們活出更好的自己。

——Super 教師、暢銷作家　**歐陽立中**

要孩子擁有主動力，就要讓他看到自己的價值。可惜的是，負面言語只會讓孩子缺乏自信，沒有感受到被愛，更自認是沒有價值的人。志恆老師在《正向聚焦》裡的方法，能改變我們的慣性，使孩子看似微不足道的好，都成為激勵他的亮光，進而產生動機，活出更好的自己。

——親職教育講師　**澤爸（魏瑋志）**

《正向聚焦》開宗明義就運用正向聚焦示範，肯定願意閱讀此書的讀者；「不是養出一個人人稱讚的孩子，才是好父母。」我們必須先停止批判自己，才能專注、真誠的看見孩子付出的努力。書裡點出的「假性正向句型」更是讓我捏把冷汗，不小心將讚美和批判結合的說法，是邁入正向之途絕對要戒掉的壞習慣啊！

——親職溝通作家與講師　羅怡君

自序

不是只有好表現，才值得被肯定

國小時，忘記在哪一個年級，有一回的寒假作業，是要交一個手工的勞作。老師沒有規定要做些什麼，只要是自己手工完成的作品即可。

開學後，同學們一一把作品交給老師打成績。輪到一個班上同學小文時，他得意的秀出作品，只聽到老師勃然大怒的說：「搞什麼？怎麼可以交這種東西上來？」

啪的一聲，他的作品被重重摔在地上，四分五裂。

我排在小文的後面，探出頭來定睛一瞧，是個模型飛機，但現在翅膀已經斷了一截。我瞬間了解老師生氣的原因，但小文卻說：「為什麼不可以？我是自己親手做的呀！」

「你還說！你還說！交模型飛機來當作品，太不像話了！」老師怒吼著。小文的眼眶泛紅，開始啜泣。

我去過小文家，他的房間裡收藏有各式模型，組裝模型就是他的嗜好；他的功課沒有很好，但對同學很友善，還曾經送過我兩組模型。

我也瞬間明白，小文為什麼啜泣，那是因為「不服氣」。在他眼中，即使是模型，也是他自己親手黏製拼裝而成，並且花了很多時間；特別是，他交上去的那組模型，看來難度應該不低。

老實說，我很難評論誰對誰錯，但我確實為他感到委屈。

小文嘴裡繼續碎唸著：「又沒有說不能交這個當作業……。」

當時，我心裡直覺的浮現一個念頭：「如果今天是班上第一名的同學，交了個模型飛機當作業，老師會這麼生氣嗎？」

恐怕不會！

會這麼想，是在我當學生的那個年代，許多老師是以學生的成績表現，來認定一個人的價值的。會讀書的孩子，做什麼都是好的；不會讀書的孩子，做什麼都叫人看不順眼。不只老師，許多家長也是如此，當時的教育氛圍就是那樣。

一直到我自己成為了老師之後，這樣的師長，仍時常可見。

我從小就會為這種事感到憤憤不平，在當了輔導教師後，遇到許多需要協助的孩子，也時常為學生打抱不平。因此，我寫了《受傷的孩子和壞掉的大人》這樣的書，期望能透過文字替孩子們發聲。

但我覺得，這還不夠！

大人們之所以只重視外在表現，卻看不見孩子的困境，更看不見孩子面對困境時的努力、堅持及良善動機，常常與大人本身的成長背景有關。因為，他們也是從小被這樣對待——被挑剔、被否定、被責怪、被誤會、被以單一標準定了身價。

所以，大人即使長大了，仍時常自我批判，對自己很刻薄。當然，也無法用正向的眼光，看待發生在孩子身上的一切。

包括我自己，也是一樣。

以正向聚焦帶給孩子力量

我比較幸運的是，在大學之後就走向心理助人的領域。這讓我有機會接觸到心理諮商的各門各派，以及用更多元與寬廣的角度，去看待一個人的行為。更重要的是，我有機會不斷修正自己的眼光，從時常批判自己或挑剔別人，轉為更能接納自己與欣賞他人。

於是我知道，**正向的眼光是可以被培養出來的。**

現在，主流的教育或教養觀念，推崇的都是正向管教，這我也十分認同。在我的助人工作中，「正向行為支持」是我幫助孩子逐漸改變的重要策略之一。

問題是，對許多有心採用正向管教的父母或老師而言，即使想要欣賞孩子的美好，卻常找不到可以肯定的地方，最後仍然只看見孩子的外在表現。而外在表現不過是一個人最容易被發現之處，卻無法代表完整的個體。

所以，在這本書中，我想讓父母或老師知道，在看待一個孩子的行為時，是有很多不同的切入點的。除了可被觀察到的行為表現外，孩子的善意、堅持、付出、投入、體貼、嘗試、創意等，都是可以被肯定的地方；但需要我們放慢步伐，把孩子的行為看得更細緻一點。

然後，把聚光燈打在那些看似微不足道的亮點上，藉此為孩子帶來更多內在力量，進而幫助孩子提升自我價值，願意做得更多、做得更好，這正是「正向聚焦」的力量。

在這本書中，我會為讀者介紹正向聚焦的多種變化途徑，是由二大脈絡、五種層次及三項佐證所組成，幫助你將孩子的行為看得更完整，由外顯到內隱，從具體到抽象，而有更多表達肯定的落腳處。

同時，為了讓正向聚焦發揮更大的效果，我也會介紹各種表達正向聚焦的形式，包括加上情感聯結的正向聚焦、用感謝表達正向聚焦、提問式引導的正向聚焦，以及如何透過正向聚焦培養孩子的成長心態。

如此一來，你除了知道如何透過正向聚焦肯定與讚美孩子之外，更能學到如何在孩子犯錯時，透過正向聚焦引導他改善；如何在孩子面對困境時，透過正向聚焦引導他突破。這些，我都會在書中一一舉出對話實例加以解說。書中列舉的實例，都已經過刻意且充分的改編，以保護當事人的隱私不被曝光。

當然，我不希望你把正向聚焦當成是一種控制孩子的工具，而是陪著孩子一同探索與發現的過程，進而帶給孩子成長的力量。當一個人感受到內在充滿力量時，自然會朝正向健康的路徑前進。

最後，所有的技巧再實用，都需要實際練習，才會發揮效果。我要邀請你，閱讀一點，就練習一點。日積月累下，你會看見正向聚焦確實帶給孩子力量，並且發現與孩子的關係改善了。別忘了，也多對自己正向聚焦，肯定自己的努力與堅持，那正是為孩子樹立最好的榜樣。

contents

Introduction

Part 1

概論

1 正向聚焦的影響力

所謂「正向聚焦」，就是透過將眼光放在一個人積極正向的焦點上，而給予能帶來力量的肯定與讚美。

在教養孩子時，生活中經常使用正向聚焦的回應語言，能幫助孩子提升自我價值，感受到內在力量，具備面對挑戰而不輕言放棄的意願；同時，透過正向聚焦的過程，也傳達出大人對孩子的認可，讓孩子感受到自己的言行是被接納與歡迎的。

在校園或教室情境中，亦然。

「不過就是肯定與讚美，還不容易嗎？」小如的媽媽，就是這麼想的。

小如因為屢次竄改考試成績，被媽媽押著來參加我的演講。結束後，小如的媽媽前來找我談話，說她對孩子有多麼的用心，從小就為小如煞費苦心，提供小如最好的學習環境與條件。沒想到，小如最近卻屢屢做出讓她傷心失望的事情。

「她的成績如何不打緊，我更重視她的品格。考不好沒關係，為什麼要竄改成績呢？我真的不懂，我對這孩子真是失望透了！」

「妳知道她為什麼這麼做嗎？」我好奇的問。

「我怎麼問，她就是不回答，只說考不好會被我罵！但擔心被罵，也不能做出這種事呀！而且，我什麼時候罵過她了？」

我轉頭望向小如，她嘟著嘴，心情想必是糟透了。既然孩子都來了，我便想知道小如是怎麼想的。

「小如，媽媽這麼說，妳的想法呢？」

「哼！明明就有！每次考試只要不符合她的期待，就會被她唸。」

「誰說的⋯⋯。」媽媽想解釋，但我立刻打斷她。

「小如，謝謝妳願意告訴我。」我示意小如繼續講。

「我已經很用功了，但她永遠不滿意。考得好，沒被稱讚過，考不好，又會被罵。我真的有這麼糟嗎？」

小如的眼眶泛淚，這讓我回想起，過去與好多青少年個案會談時，他們都有著類似的抱怨：「為什麼我怎麼努力都得不到肯定？」「我真的有這麼糟嗎？」「我真的如此一文不值嗎？」「我是不是乾脆不要被生下來比較好？」

孩子都渴望獲得師長的肯定，特別是來自父母的認可，會讓他們感覺到自己的存在價值，體驗到自己的重要性。

「我怎麼會覺得妳糟呢？我怎麼沒有肯定過妳呢？妳可是我的寶貝女兒耶！」媽媽急著解釋。

一個說有，一個說沒有，如此巨大的落差，讓我很好奇，究竟小如的媽媽是怎麼肯定或讚美她的？

原來，每當小如獲得了好成績，媽媽就會說：「表現得很好哦！妳看，要是每次都能考這麼好，就不用我一直擔心了。」

當小如成績不理想時，媽媽便說：「我看妳明明就很有天分，為什麼會考成這樣呢？我真搞不懂妳！」

媽媽說：「我有讚美她呀！我都說她頭腦很好，很有讀書的天分。」接著再補上一句：「可惜就是不夠用功！」

「我有努力，我有努力！是妳一直都沒有看見，我明明很努力了！」小如委屈的大喊，豆大的淚珠不斷從臉龐兩側滑落。

讚美是把雙面刃：能帶來力量，也可能帶來傷害

小如的媽媽確實對小如的表現給予肯定，只可惜，那是無效的肯定，並沒有為小如帶來力量。為什麼呢？

首先，小如的媽媽一方面說出讚美，同時又帶著批判。也就是，當她說小如讀書很有天分時，又明示或暗示小如不夠用功。然而，小如最希望

被母親看見的，是自己已經用盡全力了。

再來，小如的媽媽總是將肯定的焦點，放在考試成績表現的結果上，卻忽略了小如在學習的過程中，還有其他值得被讚賞的地方。例如小如其實很主動去念書，從來不需要母親三催四請；還有，小如對於母親的各項學習安排相當配合，即使不喜歡，也沒有半句怨言。

最後，小如的媽媽不斷強調小如頭腦好、很有天分。一般的孩子都很希望自己被稱讚聰明、資質好，這似乎暗示著自己天生比別人強。然而，對小如而言，卻帶來極大的壓力。因為這意味著：「你不可以失敗，不然就太辜負這顆腦袋了！」

也難怪小如承受不了壓力，只好透過「竄改成績」這種行為，迴避母親失望的眼神。

許多家長都知道，要多對孩子說好話；然而，他們卻不知道，如何有效的肯定與讚美，才能真正為孩子帶來力量，讓孩子感受到支持。

而讚美是把雙面刃，做得到位，能激發孩子的無限潛力；錯用這把武器，卻可能傷害孩子，更破壞親子之間的信任關係，小如和媽媽之間的互動，就是一個活生生的例子。

特別是，如果我們對孩子的肯定與讚美，沒有適當的事實根據做為佐證，也很容易造成反效果。

例如當一個孩子在學校人緣不好，交不到朋友時，大人為了安慰他，有時會這麼說：「你的思想比較成熟，難怪他們無法理解你。你別太理會他們就好了！」

「思想比較成熟」看似是一句稱讚，但事實上相當空泛、缺乏事實根據，孩子無法接受這樣的肯定，反而更覺得不被理解；對孩子而言，完全沒有帶來鼓勵的效果，甚至聽起來覺得格外諷刺。

缺乏事實根據的肯定與讚美，還有另一個副作用，就是可能養出一個自我感覺良好的人。也就是，長大後覺得自己無所不能、過度自我膨脹；至於自己到底有什麼能耐，卻沒有一項說得出來，相信這也不是我們所期待的結果。

水能載舟，亦能覆舟；我們需要學習帶著正向的眼光，聚焦在真正能促發孩子成長的地方，特別是面對挫敗或挑戰時，能激發孩子堅持下去的內在力量。

成長心態與定型心態

過去，我曾經有將近十年的時間，在中學裡擔任輔導教師。每年考季來臨前，都要與無數高三孩子討論他們的升學志願選擇。

巧合的是，在同一年，同一班的兩位成績都不錯的同學，在大學學測成績公布後，先後來找我談話。

一位同學佑怡，成績一直維持班上前五名，學測考得也不差。他為自己設定了幾個大學校系，做為甄選入學的目標。

我了解之後，說：「其中有幾間校系，可能有點難度，過於夢幻哦！

這點，你知道嗎？」

「嗯！老師，我知道。可是，我很希望能夠進入這些校系就讀，我想挑戰看看！」

「可是，如果全軍覆沒怎麼辦？」

我一向會提醒學生做好風險控管，也要有接受最壞結果的心理準備。

佑怡笑道：「我有想過。如果都落榜，就繼續努力準備指考吧！」

另一位同學巧文，成績也一直是班上前五名，學測成績與佑怡相當。他也事先為自己挑了幾個想去參加甄選入學的大學校系，然後來與我討論可行性。

「巧文，依你的學測成績，好像有點低估自己了！」

巧文為自己選的校系，都是錄取分數偏低的安全校系。

「嗯，我知道⋯⋯。」

「為什麼這麼選擇呢？你很喜歡這些校系嗎？」

「啊，就⋯⋯。」感覺起來，巧文有些難言之隱，但我鼓勵他繼續說。

「就是，我擔心會沒上，所以想說，都選安全一點的校系好了。」

「原來如此。」我說。「可是，還有指考呀！」

「但是，如果我指考也搞砸了，怎麼辦？」

佑怡與巧文，兩個成績表現相當的孩子，面對升學挑戰時，卻有著不同的選擇，也反映著內在不同的考量。

佑怡樂於挑戰高於自己能力水準的目標，也做好心理準備，大不了透過指考拚回來，他願意接受失敗的可能，也願意給自己嘗試的機會。

巧文只希望安穩進入不要太差的大學校系就好，他擔心自己無法上榜，更不願意給自己再次嘗試的機會。

在教育現場裡，有好多的佑怡和巧文。佑怡代表的，是一群樂於面對挑戰、不怕失敗的人；而巧文代表的，則是一群只打自己有把握的仗、難以接受失敗的人。為什麼會有這樣的差別呢？

當我們眼前面臨重大挑戰時，內心裡常會上演著一個個小劇場，總是來回出現兩種聲音，一個是：「我做不到，萬一失敗怎麼辦？」另一個則是：「我努力試試看，也許有機會成功！」如果前者聲音戰勝後者時，我們會傾向對挑戰舉白旗投降，未戰先敗；若後者聲音大於前者時，我們比較能勇往直前，甚至愈挫愈勇。

當我們將關注的焦點放在自己的「能力」上，相信能力就是如此，努力也沒有用，就會不願意接受挑戰，這樣的想法稱為「定型心態（fixed mindset）」；如果我們將關注的焦點擺在「努力」上，相信透過努力，可以達到目標，就算挫敗累累，只要一再嘗試，終究會扭轉局面，這樣的想法就稱為「成長心態（growth mindset）」。這兩種相對的心態，是由心理學家卡蘿．杜維克（Carol Dweck）所提出。

擁有成長心態的人，也就是佑怡，在面對挑戰時，相信只要透過不斷努力，學習新技能，或是找到新方法，終究能夠突破困境；也就是說，對他們而言，能力不是固定不變的。

擁有定型心態的人，也就是巧文，在面對挑戰時，相信結果會如何，和一個人的天分或資質有絕對相關，透過努力能改變的幅度有限。於是，若沒有十足的把握，他們會逃避挑戰；事實上，他們無法面對失敗的結果。

談到這裡，你可以想像，我們的孩子到學校讀書後，面對課業乃至於未來的生涯挑戰，較多人抱持著「成長心態」還是「定型心態」呢？

答案很明顯，多數的孩子，可能都是定型心態。

但是，孩子不是一開始就是定型心態的。

有經驗的老師會發現，學校裡的孩子，年級愈高，定型心態的人數就愈來愈多。為什麼會如此呢？

根據杜維克的看法，一個孩子會走向成長心態或定型心態，關鍵在於身旁師長透過口語或非口語訊息的回饋內容。特別是，當孩子面對挑戰的成敗後果時，一旁的大人回應了什麼，會深深影響他，相信自己是否有改變困難結局的能力。

假設孩子面對一項任務，不管成功或失敗，老師或家長總把眼光放在孩子成敗的結果上，或者時常稱讚或否定孩子的資質天分，便是在暗示孩子，那些天生的能力會左右一切，而天生的能力是無法改變的，怎麼努力也沒有用，於是就逐漸形成定型心態了。

相對的，若老師或家長把更多關注，放在孩子面對任務時投入的程度、採取的方法或堅持的意願等焦點，便是在告訴孩子，努力可以帶來不同的結局。

大人不同的關注焦點，竟會為孩子帶來兩種極端的思考差異，影響他面對挑戰時的態度與意願。那麼，每天都在回應孩子的我們，就不得不好好思考，自己對孩子說出的每一句話，是帶來正面或負面的影響。

正向聚焦便是希望透過有力量的肯定，幫助孩子培養成長心態，只要我們能學會在適當的焦點上給予回應。

激勵型父母的影響力

我常常思考，父母是透過什麼方式去影響自己的孩子？答案很簡單，不是身教，就是言教。

然而，當孩子漸漸長大後，父母在孩子心中的地位便逐漸降低。於是，許多父母發現，孩子小時候很聽話，不知道為什麼，長愈大意見愈多，也愈不願意聽從父母的叮嚀。

這是很自然的現象，因為，一個人的成長，就是從依賴到獨立自主的過程。大孩子透過特立獨行來展現自己的獨特性，透過叛逆與對抗來證明自己的成熟，這是再自然不過的事情了。

想一想，我們不也是這樣長大的嗎？

問題是，父母對孩子還是肩負著教養的責任，不論孩子多大，仍然希望能引導孩子朝健康正向的方向前進，而不是離經叛道、誤入歧途。

當一個孩子逐漸擁有自己的獨立意識，不想再受控於父母或凡事依賴父母時，父母便難以用權威來要求孩子。然而，麻煩的是，就算好好講道理、諄諄教誨，孩子也不一定買單。

那麼，現代父母該如何確保孩子走在正確的道路上，或者至少不用我們一天到晚操煩呢？

我認為，一個孩子在成長過程中，若能充分感受到內在力量，自然會朝正向健康的方向發展。相對的，孩子如果長期感到內在力量匱乏，便有可能走向自我毀滅之途，也許是放棄課業、沉迷網路、遊手好閒、好吃懶做、惹是生非、發展出生理或心理上的疾病等。

而孩子內在力量的來源，最初也最大的，正是他們的主要照顧者（通常是父母）；當然，成長過程中的其他成人或同儕，也會有相當的影響力。但大抵而言，主要照顧者最為關鍵。

孩子的內在力量，來自於兩個面向心理需求的滿足，**第一，是感受到被接納與被理解，也就是「關係聯結」**；**第二，是感受到被尊重與被肯定，也就是「自我價值」**。一旦孩子能充分體會到自己有人在意、有人關懷，與人之間存在著有品質的聯結，因而有歸屬感；同時又知道自己是重要、具有存在價值的，這時，內在便有源源不絕的力量。

所以，父母若要能對孩子發揮影響力，需要在這兩個基礎上與孩子互動，也就是滿足孩子在關係聯結與自我價值上的心理需求。若孩子在家庭生活中無法獲得滿足，就會轉往其他面向或群體去追尋。也許是追求學業、事業、財富或人際關係的成就，當然也可能是自我破壞或自我毀滅。無論如何，都是渴望能感受到，自己是被在乎且重要的。

一個能與孩子建立溫暖關係聯結，同時又讓孩子感受到自我價值的父母，最能帶給孩子人生成長的內在力量。懂得這麼做的父母，我稱為「激勵型父母」。因為關係聯結與自我價值，就是強化一個人心理素質的養分；而這樣的家長，對孩子也是有影響力的。孩子願意與父母持續互動，而不是拒絕溝通或總是對立衝突。

這是我在長期與青少年互動的心理諮商工作中，領悟到的道理。即使是那些被認為最抗拒的孩子，當有人願意接納他們、理解他們、看重他們、尊重他們時，他們也會願意敞開心房。許多的案例故事，我寫在《受傷的孩子和壞掉的大人》及《擁抱刺蝟孩子》等書中，有興趣的讀者可以參閱。

那麼，該如何幫助孩子滿足這兩個關鍵的心理需求呢？

維繫關係聯結的方法很多，最重要的就是真誠的表達關懷與理解。也就是展現同理心，站在對方的位置感同身受，並試著表達出對他的理解。像是：

「長期下來，一定很辛苦吧！」

「被同學誤會，肯定很委屈吧！」

「考試成績不理想，你也感到很懊惱吧！」

「如果我是你，我也會覺得超丟臉的。」

而幫助孩子提升自我價值感的途徑，則是正向聚焦。也就是有能力看見孩子的美與善之處，並且讓他知道：「我看到了！」而這也是本書將要細緻探究的。

這麼看來，在與孩子互動的過程中，正向聚焦實在占有十足的地位，是激勵型父母必備的能力。若能善加運用，對於孩子的成長及親子關係本身的經營，都會有莫大的助益。

point

重點回顧

讚美是把雙面刃，做得到位，能激發孩子的無限潛力；但錯用這把武器，卻可能傷害孩子，更破壞親子之間的信任關係。

缺乏事實根據的肯定與讚美，不但無法帶給孩子內在力量，長久下來，還可能養出一個自我感覺良好的人。

!

當孩子面對挑戰時，不論結果成功或失敗，身旁大人的回饋焦點，會大大影響孩子形成「成長心態」或「定型心態」。

若能讓孩子在成長過程中，持續感受到充分的內在力量，孩子自然會選擇走在健康正向的人生道路上。

孩子的內在力量，來自於兩大心理需求的滿足，一是關係聯結，二是自我價值。激勵型父母懂得與孩子建立良好的關係聯結，同時讓孩子感受到高度的自我價值，因而帶給孩子強大的內在力量。

2 行為不會一成不變

我的父母結婚時，還不流行拍婚紗照。等到年過半百，孩子也大了時，也許是意識到青春不再，他們突然拉著已經上大學的我和哥哥，要去婚紗店拍全家福。而我母親得以披上白紗，甚為喜悅。

照片洗出來後，有一張照片被放大裱框，擺在客廳的牆上。有一次我不經意的端詳，這張照片上面透過後製，寫著一行英文字，中文翻譯的意思大概是這樣：

你問我為什麼看起來總是這麼美？那是因為你有一雙美麗的眼睛。

有雙看得見美的眼睛，才能發現生活周遭的美好。

正向聚焦是一種在溝通中能帶來力量的回應技巧，同時也是一種能看到美的眼光。人世間本就是善惡並存、美醜同在、好壞參半，甚至光明中有黑暗，黑暗中有光明；重要的是，你有沒有能力去看見人們身上的美好之處，然後肯定這份美好，我稱之為「正向的眼光」。

或許你會好奇，正向聚焦究竟要怎麼操作？我會在後續內容中，逐一帶你認識各種切入途徑——總共有三十種變化型態。首先，你得先具備「正向的眼光」，習慣用正向的觀點去發現、看待與解讀，日常生活中發生在你身旁，以及你自己身上的一切。

具備正向的眼光

我曾經在中學裡擔任過多年的輔導老師，後來才離職，成為自由心理助人者。剛入行時，面對學生層出不窮的問題，我時常無力招架，只能且戰且走，也因此慢慢累積了一定的功力。

當時，我被分配到任教一個特殊班，班上只有十五人，全是輕中度智能障礙的孩子。這類孩子，對我而言相當陌生。

我總是開心的去上課，然後暴怒的離開教室。一群智力大約落在國小程度的孩子聚集在一起，一下子有人跌倒在地上，一下子有人鬧失蹤，一下子有人突然笑得停不下來，一下子有人猛烈敲桌子，而且總是原因未明。還有，大概每兩分鐘，就有人問這個字怎麼寫？那個字怎麼寫？好好一堂課，究竟該如何順利進行？

我不是特教老師，自然疲於應付；於是，我只好趕緊去請教具有特殊教育專長的前輩，詢問該怎麼搞定這群孩子。

「哈哈！我到現在也都搞不定。」他放聲大笑的說。

我以為前輩會告訴我，各種班級經營或特殊的教學手法。沒有！對他而言，學生能不出大事就好了。我有些生氣，覺得怎麼可以如此消極？就算是認知與學習功能落後的孩子，也是有受教權的。

他似乎明白我的疑惑，接著說：「孩子會狀況百出，這是很自然的，這就是他們之所以在這裡的原因，也是我們當老師需要擔負的責任。不過，如果你要與他們繼續相處，得先學會睜一隻眼，閉一隻眼。」

「睜一隻眼，閉一隻眼？」

「對！睜開眼，看見孩子美好的地方；閉上眼，忽略那些難搞與幼稚。」接著，他看著我問道：「你說，他們總是狀況百出嗎？」

我正要說「有」時，他搶先一步問：「有每天嗎？有每節課嗎？有一直這麼嚴重嗎？」

我一時語塞。前輩接著又說：「你會發現，這些孩子們很可愛的。哈哈！日子還是得過下去嘛！」他老兄最後氣定神閒的丟下這句話。

一年過後，我開始發現，這群孩子儘管失控、幼稚，還有些白目，但他們比起同年齡的其他孩子，更為真誠、善良，對於內心的喜怒，總是毫不掩飾的直接表達，當然也有細膩與敏銳的一面，以及對師長的體貼。

如今回想起來，當時氣得我七竅生煙的孩子，卻是我教職生涯中，最難忘與美好的回憶之一，是他們教會我，如何擁有正向的眼光。而那位前輩提醒我的一句話，至今仍然難忘：「**別忘了！他們並沒有總是狀況百出。**」

行為是波動的

前輩所說的話，正是要做到正向聚焦之前，必須先建立的觀念。

一個人的行為，不會永遠一成不變；換句話說，令人頭痛或常找麻煩的孩子，不會總是讓你疲於奔命，偶爾也會放過你——雖然機會不多。

當我學習到後現代心理學的「焦點解決短期心理治療」理論時，獲得了一個類似的概念，稱為「例外」，就是問題沒發生時的狀況。

例如一個人說他最近失眠得很嚴重，治療師會與他一同探究：「那麼，什麼時候沒有發生失眠的狀況？」一個人若說他十分恐懼雷聲，治療師會問他：「有沒有什麼時候，你聽到外頭雷聲大作，卻沒有那麼害怕？」從例外著手，找出問題沒發生時的促發因子或影響因素，就可以順勢找到解方。

後來，我從彰師大賀孝銘教授那裡學到「行為是波動的」這概念。也就是除了有無發生，即「例外」之外，行為還有輕重程度上的差別，並且呈現波動狀態。

舉例而言，一個常遲到的孩子，你若問他父母，孩子有沒有曾經沒遲到、準時進入校門的時候，他們很可能無奈的搖搖頭。然而，

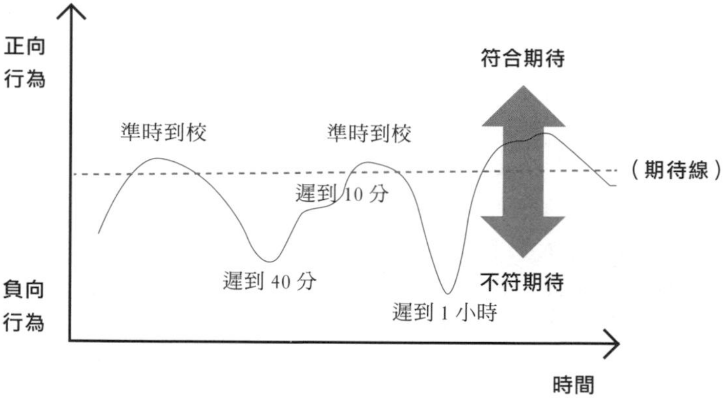

圖一：行為不會一成不變

——以遲到（負向行為）為例

雖然都是遲到，可能有時候遲到一節課，但有時候只遲到十分鐘，在程度上是不同的（參圖一）。

回到自己身上，你也可以找到許多「波動」的特質、習慣或行為表現。例如你總是很樂觀，但有時候也會擔憂一些事情，而且每天樂觀的程度不盡相同；你的食量很大，但每天吃進胃裡的食物量，肯定不會一模一樣；你樂愛工作，但每天對工作的投入程度，也不會完全相同，甚至有時也會感到莫名的厭倦（參圖二）。

不論好表現或壞表現、受歡迎

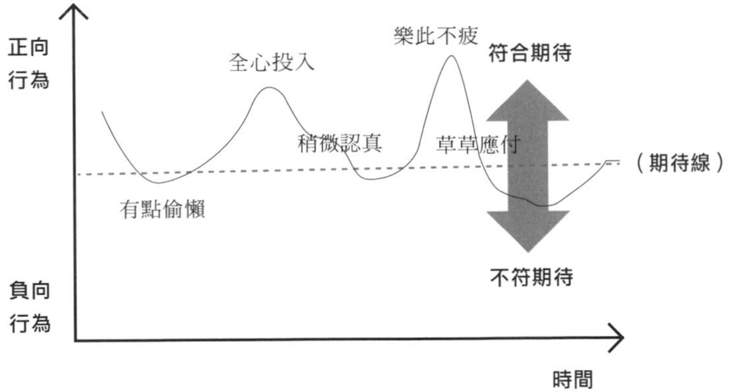

圖二：行為不會一成不變

——以熱愛工作（正向行為）為例

或不受歡迎的行為，在不同情境下，都會有程度上的差別，不會永遠一成不變。這樣的行為特性，就讓我們在進行正向聚焦時，有了介入與操作的空間。

正向行為支持、促成行為的改變

對於每個家長而言，在孩子身上總能找到各種需要改進的地方，例如偏食、賴床、易怒、拖延、衝動、分心、目中無人、沉迷電玩、固執己見、吝於分享、說謊等，隨便說幾個，你可能都點頭如搗蒜。

你希望孩子能改變，會怎麼做呢？

想像一下，夜色已深，你拖著沉重的步伐，從公司回到家裡，今天又加班了。當你打開家門的那一刻，映入眼簾的是凌亂的客廳，以及兩個國中生躺在沙發上，手裡拿著手機玩遊戲，正殺紅了眼，連有人進門都完全沒注意到。

於是，你抑制不住內心的怒火，大聲咆哮：「搞什麼？現在都幾點了，還在給我玩手機！還不去讀書、寫作業！怎麼樣？書都不用讀了，是嗎？作業都不用寫了，是嗎？吃完東西也不收拾，生活習慣真是糟糕，家裡亂成一團！」

說完，兩個孩子終於看了你一眼：「好啦！再一下就好了啦！」然後繼續埋首於手遊。

一波未平，一波又起，你再度拉開嗓門：「再一下、再一下！到底還要多久？你們每次都這樣，打起電動就沒完沒了。整天拿著手機一直玩，一直玩，每天都這樣，一直都這樣！」

你猜，孩子接著會回你什麼呢？

「我哪有每次！」「我哪有一直！」「我哪有每天！」很熟悉對不對？這就是每天在許多家庭裡上演的對話戲碼，日復一日。

對家人或孩子身上令我們看不慣的行為，我們常說出類似這樣的話：

「你怎麼老是這樣！」「你總是這樣！」「我發現你一直都是如此！」也常聽到對方辯解：「我哪有老是？」「我哪有總是？」「我哪有一直？」聽起來像是嘴硬不肯認錯，然而，他們說的也並非完全不是事實。

這些話正在提醒我們，他們真的不是時時刻刻都是如此，他們不是永遠都表現得這麼糟，可能也有沒這麼做的時候，也可能很多時候，並沒有這麼嚴重。

當我們一直試著指出孩子哪裡做不好、沒做好時，就是在負向聚焦。負向聚焦如果有用，你就不用整天碎

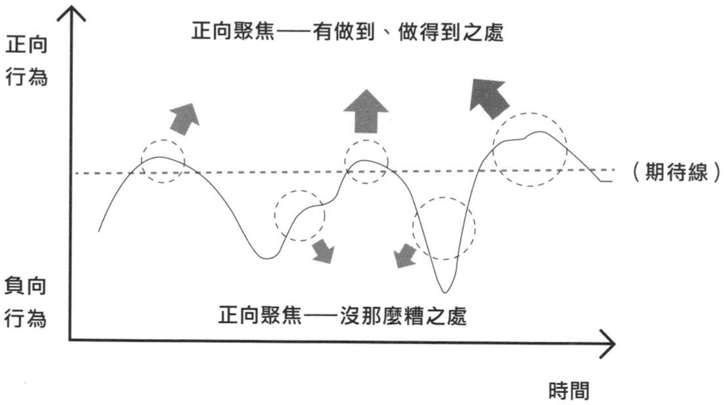

圖三：正向行為支持

碎唸了（你可能會回我：「我哪有整天？」）現在，我邀請你把焦點放在孩子「做得到」或「有做到」的地方，然後予以肯定，這是正向聚焦，而透過這種方式促發人們建立新行為、改變舊行為的策略，稱為「正向行為支持」（參圖三）。

例如一個孩子時常講髒話，怎麼糾正就是改不掉。這時，我們可以把眼光放到孩子有做到與做得到的地方，也就是沒講髒話的時刻，趕緊予以肯定。然而，你可能會說：「他只要見到人，就是滿口髒話呀！」

別忘了，行為是波動的；就算是反覆出現的行為，也有嚴重程度的差異。若你仔細觀察就會發現，有時候，這孩子說出口的髒話沒那麼多；面對不同的人，這孩子說髒話的力道沒那麼強；有時候，其實他只是擺臭臉而已，並沒有說出髒話。

於是，你可以在他說髒話的程度、力道或頻率沒那麼強時，具體說出自己的發現，並且肯定與讚美他，謝謝他願意努力這麼做。你可以這麼說：「我觀察到你今天對人的態度溫和，說話也好聽多了，為我帶來好心情，謝謝你呢！」當我們可以做到正向聚焦時，就是在向孩子傳達三個訊息：

第一，當你少說髒話時，是受歡迎的。

第二，我知道你做得到少說髒話。

第三，我看到你正在努力做到少說髒話。

另外，我們可以思考，一個孩子為什麼逢人就說髒話呢？這個行為一定是有功能的。也許是幫助他被人注意到；也許是讓他感受到自己是強大的；也許是讓他得到某些人的尊敬或認同。

說髒話的孩子大多知道，說髒話是不符合社會期待的，但他們只有透過這個方式，才能獲得自己想要的被尊敬、被認可、被接納，也就是自我價值與關係聯結兩大需求的滿足。

當我們以正向聚焦回應孩子時，會為他帶來一個新的經驗，體認到「當我不說髒話或表現出禮貌行為時，是被認可，而且受歡迎的！」

於是，一次又一次，透過真實人際互動中的正向回饋（而非不斷指責或說教），幫助孩子體驗到，他可以不必透過罵髒話獲得關注，取而代之，表現出禮貌的態度，是會受到喜愛的。

真實的體驗，永遠比大道理來得有影響力！

當努力被看見時

每天，我們每個人都努力在這世界活著。那些看似放棄學習的孩子，難道都不曾用功過嗎？那些沉迷網路的孩子，難道都沒嘗試過放下手機嗎？那些時常賴床的孩子，難道都不想準時去上學嗎？

我們一定要相信，人們都在為更好的生活而努力，只是更多時候，因為做不到，所以放棄了。正向聚焦最大的功能之一，是讓一個人的努力被看見，而願意繼續嘗試下去。

我太太是個很懂得使用正向聚焦的人。有時候，我會和她分享自己在助人工作上的無力。印象深刻的一次是，我告訴她，我想要幫助一位孩子，卻苦無成效。她聽完後，回應我說：「你會這麼無力，顯示你很想要幫助到他吧！」

我點點頭。

「而且，你也做過很多嘗試與努力吧！告訴我，你做了哪些嘗試呢？」

我把自己曾採用過的方法，一一向她報告。

她聽完後，看著我說：「我覺得，如果不是你做了這些努力，這孩子的狀況，可能會更糟呢！」

她的眼神十分專注而認真，我知道她不是在說恭維的話。接著，她又補上一句：「還好有你在呀！」瞬間，這句話把我從谷底抛上雲霄，我的心情豁然開朗。

為何有如此功效呢？因為她回應的內容，是聚焦在我的付出與努力上；而她更讓我知道，我對自己想幫助的孩子而言，是重要的，這讓我有了繼續努力下去的動力。

後來，當我遇到那些對孩子問題束手無策或無能為力的家長，也會對他們這麼說：「雖然孩子的狀況仍不見起色，但還好有你們一直以來的努力，不然可能會更糟！」我想讓家長知道，有人看見他們的努力了！

因為，每個人都努力，都想要被看見。

別把那些做得好的事情視為理所當然

正向聚焦最困難的，就是面對家人。因為，我們對家人總是抱持很高的期待。當家人沒做到我們的期望時，我們就抱怨連連，拚命找缺點、翻舊帳；當家人做到我們期待中的表現時，我們又常當做沒看見，覺得這是理所當然的。

我在與青少年會談時，常聽到他們抱怨自己不被父母理解。有個孩子告訴我，他的爸媽總是愛批評、好指責，特別是不斷找缺點，「為什麼就不能多看看我的優點呢？」

我請他舉例說明，父母是怎麼批評他，又怎麼不看他的優點。

「他們一直嫌我功課不夠好，英文不好，國文不好，社會不好。但也不看看，我的數學在班上是數一數二的，而且運動也很強呀！每次我希望他們多看我的強項時，他們就會說，考得好是應該的，不需要在那邊得意或吹噓！」

後來，這孩子不僅英文、國文、社會的成績在班上敬陪末座，連數學也不想努力了，上體育課也是能混就混。

他說：「既然我的努力沒辦法被他們看見，我就努力做那些他們想看見的事情吧！」這句話也許是句氣話，但也表露出孩子內心深處的渴望，他是多麼想要被認可、被接納呀！

請相信，每個人的努力都渴望被看見，那些做得好、做得到的事情，更要時常拿出來肯定，別視為理所當然了！

point

重點回顧

對孩子的問題，有時候需要「睜一隻眼，閉一隻眼」。睜開眼，看見孩子美好的地方；閉上眼，忽略那些難搞與幼稚。

不論是受歡迎或不受歡迎的行為，都不會一成不變，而是呈現波動狀態。有時有，有時沒有；有時多一點，有時少一點；有時嚴重一點，有時輕微一點。

因為行為不會一成不變，正向聚焦便是透過關注孩子「有做到」與「做得到」之處，支持正向行為的持續發生。

每個人的努力都渴望被看見，別把他人做得到與有做到的地方視為理所當然，而忽略給予肯定與讚許。

3 正向聚焦的基本句型

俗話說：「萬事起頭難。」但學習正向聚焦一點都不難。因為，這是你平常就會做的事，只要稍加系統化的整理與修飾，就可以成為帶給他人力量的回應技巧。

如果，正向聚焦就是有效的肯定與讚美，那麼，平常你都如何肯定與讚美你的孩子呢？你可能會這麼說：

「孩子，你今天幫忙做家事，好懂事哦！」

「哇！我看見你的成績愈來愈進步，不錯哦！」

「今天帶你出門，你不吵不鬧，真是個聽話的乖孩子！」

「你常常會關心媽媽累不累，真是貼心呢！」
「你說你今天在全校同學面前朗讀嗎？真是太勇敢了！」

肯定與讚美必須基於事實

沒錯，如果能這麼說，就已經具備正向聚焦的基本功了！

正向聚焦就是把孩子值得被肯定的地方給說出來，並且讚許一番。這裡有個重要的原則，就是正向聚焦必須基於事實。肯定與讚美若沒有客觀事實為根據，通常會帶來反效果。

所謂事實，就是真實發生，而且可以被觀察與描述的行為或表現。

我常帶著女兒到家裡附近的公園玩，曾遇到一位媽媽帶著她幼兒園階段的孩子，也一同在公園裡的遊戲設施玩耍。孩子爬上爬下，媽媽則是在一旁「熱情參與」。

怎麼說「熱情參與」呢？這位媽媽從頭到尾不斷誇獎她的兒子，一下子說：「你好棒呀！」一下子說：「哇！好厲害哦！」又不時穿插「你最聰明」或「好強哦」等美言。媽媽臉上滿是喜悅的笑容，孩子聽了也很開心，真是溫馨的一刻。

但我納悶的是，媽媽口中說的「好棒」、「厲害」、「聰明」、「好強」，到底是從哪裡看出來的呢？而這些觀察與發現，怎麼沒有讓孩子知道呢？或者，媽媽就只是單純想誇獎孩子，心想這樣會讓孩子更有自信，更喜歡自己吧！

然而，這樣做也冒了一個很大的風險。當肯定與讚美沒有基於具體事實時，孩子便無從得知自己是哪裡做得好，哪裡值得被肯定，不僅沒學習到去重複表現好的行為，也可能錯誤解讀媽媽的意思，做出一些冒險、衝動或違反常規的舉動。

像是當媽媽說「好棒」時，也許是觀察到孩子身手俐落，身體協調性愈來愈好，但孩子可能錯誤解讀，以為媽媽喜歡他嘗試危險動作；又或者媽媽口中的「聰明」，是看到孩子可以變通，採用不同方式玩遊戲設施，但孩子也許發現自己插隊、沒禮讓其他小朋友，就會被稱讚「聰明」。但最多的狀況，常是孩子根本不知道自己哪裡好？哪裡棒？哪裡強？

另一種狀況，是大人給予孩子空泛的稱讚。像是孩子向父母分享了一件開心或得意的事情，大人聽完後，點點頭說：「嗯！很好呀！」這時孩子心裡可能會納悶：「你覺得我哪裡好？」

如果你每次有好表現，得到的稱讚都是「很好」，心中可能會漸漸升起一股反感。你會懷疑，眼前大人給出的讚美，是真心還是敷衍？如果對方的表情又沒有很專注，似乎沒有專心聆聽，或是對你的分享沒那麼有興趣時，還會給人虛偽的感覺，那就弄巧成拙了。

所以，肯定與讚美必須基於事實。**把具體事實指出來，就是正向聚焦最重要的功夫，學習將肯定與讚美的聚光燈，集中在真實發生的事實上。**

一旦學會了正向聚焦，當你要給予孩子肯定時，就不會永遠只說：「很好呀！」這樣空泛的言詞了。

基本句型：「事實描述」加上「正面評價」

以在公園遊戲區玩耍的母子為例，媽媽若要透過正向聚焦給孩子肯定，就絕不能只是空泛的說「好棒」、「很強」、「好聰明」、「真優秀」而已，而是要能明確指出孩子的具體行為或表現，例如：

「我觀察到你一下子就攀爬到頂端了，好厲害呀！」

「我發現你改變攀爬方式，更快速的爬上去，真聰明呢！」

「我看到你可以堅持完成吊掛活動，真的很不簡單呀！」

注意到了嗎？上述句型都有個共同點，就是先舉出孩子所表現的具體事實，再接上一句美言，這是最簡單的正向聚焦形式了。歸納而言，**正向聚焦的基本句型是「事實描述」加上「正面評價」**。

正向聚焦基本句型
＝事實描述＋正面評價

再舉一個例子。有位母親很頭痛，她的孩子總是不願意與人分享自己的東西。當親友帶著小孩來家裡作客，這孩子不願意把自己的玩具或用品拿出來與其他孩子同樂。若只是這樣就算了，他甚至還會搶別人手上的東西，然後據為己有。這位母親問我：「該怎麼辦？」

我向她表示，除了與孩子好好談這件事之外，在日常生活中，或許可以透過正向聚焦的方式來幫助孩子改善。

我先對這位憂心的母親說明「行為不會一成不變」的觀念，然後問她：「孩子不願意分享，妳觀察到最糟的情形是什麼？」

她告訴我好多孩子的惡形惡狀，幾乎把孩子形容成一個自私的惡霸。我接著再問：「那麼，他什麼時候沒那麼糟，甚至願意主動分享自己的東西呢？」

這母親想了想，說：「也不是沒有。有一次我聽學校老師說，有個同學的作業沒完成，他竟然主動拿自己的作業借那位同學抄。天呀！這樣算是嗎？」

「就『主動分享』這件事而言，算是了！」我笑著回答。

「還有，他會把他不想看的漫畫丟給妹妹看。」母親再度強調：「是不想看的才會！」

我告訴她，一旦觀察到這樣的行為，別忘了立刻給予肯定，她可以說：「我聽說，今天你在學校主動借同學參考你的作業，你好體貼呢！」「我觀察到，你願意借妹妹看自己很喜歡的漫畫，真是大方哦！」

上述兩句話都有兩個部分。前面的部分是「事實描述」，後面的部分是「正面評價」。事實描述必須盡可能客觀，而正面評價帶有主觀的成分，也就是不同的人，可能賦予相同行為不同的評價。

像是「借妹妹自己的漫畫看」這件事，正面評價可以是「很大方」、「很貼心」、「夠成熟」、「疼妹妹」、「有愛心」等，總之，都是從正面角度去肯定這行為的價值。

「不過，把作業借給同學抄，這樣好嗎？」這位母親問道。

我能明白她的疑慮，於是如此說：「當然不是很恰當！只是，這行為同時也符合妳對孩子的期待——能主動分享，不是嗎？」

我們常常可以從不同角度來看相同的行為。你可以說，這孩子是在幫助其他同學投機取巧，算是共犯；但也可以說，這孩子能發揮同學愛，願意為同學解圍。

所以，在肯定完孩子「主動分享」這行為表現後，還是得和他討論這行為的適當性，或者可能會付出的代價。當一個人先獲得肯定後，自我價值感提升了，才會比較願意聽進別人的分析或建議。

這位母親接下來可以和孩子這麼討論：「可是，讓同學抄你的作業，會讓同學失去練習的機會，你可能也會因此受到責罰哦！我們一起來想想看，下次，當你想要發揮對同學的體貼與友善時，你還可以怎麼做？」

保持真誠與專注才是最重要的

事實描述和正面評價哪一個重要呢？

如果你真要問我，我會告訴你，事實描述才是關鍵，而正面評價則可有可無，有時甚至可以省略。而很多時候，我們也可以透過讚嘆的語氣、欣賞的眼神或具鼓舞性的肢體動作，如點頭、豎起拇指、微笑、睜大眼睛、握拳、拍手等，來呈現正面評價。由身體姿勢或語調傳遞出的訊息，往往比語言還要容易被接收，更具有影響力，也會讓人感覺更為真誠。

我曾經聽一個孩子跟我分享，他與父母平時互動的情景。每次他有些事情想與父母分享時，特別是那些感到得意的經驗，便倚在父母身旁滔滔不絕的說著，一旁的父母則是「嗯、嗯、嗯」的回應著，然後偶爾說一句：「很好呀！」

突然間，孩子閉上嘴，靜默下來。

父母抬起頭，看了一下孩子，問：「你怎麼不講了呢？」

「你又沒在聽！」

「有呀！我不是說你很好嗎？」

「沒有，你根—本—沒—在—聽！」

「有啦！你說你做得很棒呀！繼續說，來！」

「不要！哼！」

前一秒，孩子還興致高昂的分享著，後一秒，孩子拒絕與父母互動了。

原來，這孩子的父母，常常在孩子說話的時候，不是眼睛盯著電視，就是低頭滑著手機。雖然嘴裡說著：「嗯、嗯、嗯。」或是不時說出：「很好呀！」這樣的肯定言詞，但孩子感覺到的，就是不夠專注，沒受到重視，甚至認為，那些稱讚都只是敷衍的表面功夫。

孩子感受不到父母的專注與真誠，這樣的對話，不要也罷！

若父母依然如此與孩子互動，長期下來，孩子將不再願意與父母溝通，就算發生了好事，有了好表現，也不願意與父母分享。許多父母抱怨孩子進入青少年期之後，在父母面前變成省話一哥、省話一姊，原因就在這裡。

當一個人嘴裡說的和肢體表現出來的，是不一致的訊號時，人們比較容易接收與相信那些非口語的訊息。而非口語的訊息，往往也真實反映出一個人的內在狀態。

正向聚焦要得到效果，重要的不是說什麼，而是堅守人際溝通的基本態度，保持真誠且專注，認真傾聽孩子怎麼說。當你聽到孩子分享自己值得肯定的地方時，有時根本不需要多說什麼，只要用讚許的眼神，給孩子一個微笑、點頭，或者拍拍他的肩膀，就已經達到有效肯定的效果了。

請記得，重要的不是嘴裡回應些什麼內容，而是與孩子互動時，保持真誠且專注，積極聆聽孩子的分享，這才是最要緊的。

運用感官詞彙呈現事實描述

剛剛一再強調，正向聚焦中的「事實描述」，是真實客觀的具體事實，因此，最好有以感官為基礎的證據。在表達事實描述時，我們可以使用感官詞彙做為開頭，最常見的就是：

「我看到……。」
「我聽到……。」
「我感覺到……。」

「我看到」是視覺感官的詞彙；「我聽到」是聽覺感官的詞彙；「我感覺到」則是觸覺感官的詞彙。

除此之外，還可以交錯使用以下感官詞彙：

1. **視覺詞彙**：看見、發現、觀察到、察覺到、檢視到⋯⋯。

2. **聽覺詞彙**：聽到、聽說、耳聞、傳聞、聽起來⋯⋯。

3. **觸覺詞彙**：感受到、體會到、體認到、掌握到、理解到⋯⋯。

感官詞彙是否一定要出現在正向聚焦的句子中呢？其實也不一定。但透過感官詞彙，能確保我們所描述的內容，是基於真實發生的事實，所謂眼見為憑，以免陷入空泛、浮誇、虛偽、做作的窘境。

point

重點回顧

正向聚焦必須基於可被觀察與描述的具體事實，沒有具體事實為佐證的肯定或讚美，會讓孩子不知道自己究竟好在哪裡。

正向聚焦的基本句型為：「事實描述」加上「正面評價」。而事實描述比正面評價來得重要，有時候，甚至不需要正面評價也可以。

語調、眼神、肢體、表情等非語言訊息，也能讓人感受到被肯定；而人們往往能從非語言訊息中，得知對方是否真誠專注。

事實描述時，可以運用「我看到」、「我聽到」或「我感覺到」等感官詞彙做為開頭。

4 正向聚焦的三十種變化

現在，你已經學到，表達正向聚焦最簡單的方式，就是「事實描述」加上「正面評價」。肯定與讚美必須基於事實，因此，事實描述必須是日常生活中可以觀察得到、可以被描述出來的具體行為表現，通常可以用「我看到」、「我聽到」或「我感覺到」等感官詞彙做為句子的開頭。

到目前為止，都不難，因為這是許多家長平常就會做的事情。

很多人會接著問：「我也知道要多看孩子正向之處，多肯定孩子做得好與有做到的地方。可是，我就是難以發現，孩子還有什麼值得肯定的點，尤其是，當孩子一再犯錯或壞習慣不斷，究竟還能正向聚焦些什麼？」

換句話說，對許多人而言，「正向」是個相當抽象的詞語，只是指出一個方向，也就是正面、積極或美好的那一面，但仍然沒有指出具體的落腳處。而我們本身的眼光，又容易限制我們去看到更多不同的可能性，即使想朝正面看，也陷入霧裡看花的窘境。

所以，接下來要探討的是，正向聚焦究竟要聚焦在哪裡？

在探討這個問題的同時，你將會學習到三十種正向聚焦的變化形式。這三十種變化，分別由二大脈絡、五種層次及三項佐證交互演變而來。當你能一一掌握，並且運用自如時，就能做出更到位的正向聚焦。

二大脈絡X五種層次X三項佐證

=三十種變化形式

二大脈絡：結果VS.過程

若把正向聚焦切割成兩個部分，不是聚焦在行為表現的「結果」，就是聚焦在行為表現的「過程」。

一個孩子的考試分數或名次，就是他學習表現的「結果」；而他在學習過程中，付出的努力、嘗試、堅持，以及期待父母能滿意的動機，就屬於學習表現的「過程」。

做父母的，通常容易看到孩子表現的結果，但往往忽略表現的過程中，那些也值得肯定的事情。

例如孩子的作業一直沒有完成，爸媽陪他到三更半夜，並感覺火冒三丈，那是因為爸媽只看到，孩子還有很多功課沒有寫完；然而，爸媽可能沒看見，孩子也許是遇到困難了，但沒有放棄，仍然絞盡腦汁想辦法解題，甚至仍堅持到半夜，也沒有提前去休息。

很多時候，過程是比結果更值得被看見、被肯定的。

小時候，我的母親便要求我和哥哥也要學習分擔家務，所以上了國小以後，每到週末假日，我們就會在母親的指揮下，幫忙拖地，打掃家裡。母親的標準是，地板需要拖過兩遍，才會覺得乾淨；但我和哥哥都覺得，家裡很常打掃，已經夠乾淨了，只要地板拖過有濕就行了。

每次我們拖地，媽媽在一旁監督，口裡就不時唸著：「認真拖，這樣不夠乾淨！」我們則嚷嚷：「吼唷！已經很乾淨了啦！」這樣一來一往，每次都快要吵起來。而父親則是在一旁打圓場：「好啦！好啦！孩子願意幫忙就是好事了！」

當時，母親應該覺得父親是個與她標準不一致的豬隊友吧！不過，現在回想起來，父親的這番話，就是正向聚焦中，聚焦在「過程」的回應方式。

他不是以地板是否乾淨來評價孩子的表現，而是以孩子願意幫忙做家事的意願來肯定孩子；前者聚焦在「結果」，後者則是聚焦在「過程」。兩種聚焦脈絡各有利弊，也會帶來不同的效果。對此，我在後面章節會有更詳盡的說明。

五種層次：高手炒飯，粒粒分明

你吃過厲害的炒飯嗎？有句話說：「高手炒飯，粒粒分明」。明明就是一堆料和著白飯一起翻攪，但頂級炒飯卻能讓人感覺到，每一口，都是層次分明的。這大概是炒飯的最高境界了吧！

正向聚焦也可以層次分明。所謂層次分明，就是設法在正向聚焦的過程中，更精準指出那些做得好、有做到的地方；而由此處，你也可以窺見一個人行為樣態的豐富多變。

第一層，是行為表現本身，也就是可觀察到的具體行為。例如有完成作業、幫忙做家事、主動分享、舉手發問、勇於拒絕、早睡早起、禮貌問候等。

第二層，是一個人的能力或特質，用正向心理學的說法，稱為「個人強項」。例如感恩、知足、勇敢、堅持、勤奮、體貼、善良、包容、謙虛、身手矯健、俐落、有效率等。許多類似的行為表現，會組合成某種個人強項，像是當一個人被冒犯時，總是願意原諒他人，不多計較，我們會說他具有「包容」

這個個人強項。

第三層，是一個人習慣與行為表現背後的期待，也就是「我這麼做，是希望事情變得怎麼樣？」期待通常會與其內心的需求相呼應，任何行為或習慣，都是想要滿足個人的內在需求。

舉例來說，一個待人和氣的孩子，內心的期待可能是受人歡迎；一個考試作弊的孩子，內心的期待可能是避免挨罵；一個脾氣暴躁的人，內心的期待可能是希望自己的心聲能夠被聽見。

所以在這個層次，人們不是要幫助自己更為提升，就是保護自己免受傷害。這麼說來，行為表現本身或許有好壞對錯之分，但背後的期待卻總是善意的。因此，期待也被稱為一個人行為背後的「正向意圖」，是值得我們正向聚焦的地方。

第四層，是當事人表現出某種行為時，內心抱持的信念或價值觀。簡單來講，信念就是一個人相信的事情，例如「舉頭三尺有神明」、「善有善報，惡有惡報」、「世界上沒有任何人可以信任」、「一分耕耘，一分收穫」等。

價值觀則是一個人重視的事物，通常能區分出輕重，例如看重家人甚於財富、看重健康甚於事業、看重友情甚於愛情、看重冒險甚於安穩……這是價值觀的展現。

信念與價值觀時常相伴發生，一個人表現出的行為，總是需要與自己內心相信、重視的事情相符合，否則會產生內在失調與衝突的現象。我們常觀察到，有些孩子會掩護朋友或手足去做些不好的事，這當然不是正確的行為。但是，我們仍然可以肯定他重視朋友或手足情誼，這就是正向聚焦在「信念／價值觀」的層次。

第五層，是聚焦在「身分認定」上，就是你如何回答「我是一個怎樣的人？」

例如我是一個善良的人、我是一個樂觀的人、我是一個守時的人、我是一個追求完美的人、我是一個內向的人……你會這麼自我認定，通常來自於對自己的長期觀察，也可能是來自別人屢次給予的回饋。所以，我們可以把「身分認定」看做是個標籤，當某個標籤貼在一個人身上時，他就會照著這標籤所設定的劇本演出，稱為「標籤化效應」。

當正向聚焦的焦點放在「身分認定」時，會對人產生極大的影響力，但如果誤用，也可能出現反效果，所以需要多加練習與琢磨。

讀到這裡，你是否也覺得，一個人身上有太多可以肯定的地方了，並且在孩子身上，突然看到了一種繁花盛開、欣欣向榮的景象？別急，還有下一種用於正向聚焦的變化形式。

三項佐證：和誰比？

我一再強調，肯定與讚美需要基於事實，而事實愈具體愈好。有時候，我們需要透過某個比較基準，才能更具體呈現出行為事實。舉個例子，我們想稱讚孩子的考試成績優異，這時有以下三種正向聚焦的方式，請思考一下，三句話有何不同？

「你這次考得真好，贏過全班大多數的同學！」
「你這次考得真好，比上次進步了很多！」
「你這次考得真好，幾乎就要滿分了呢！」

先說這三句話的共同點。以脈絡而言，都是聚焦在「結果」上；以層次而言，都是聚焦在第一層「行為表現」本身；還有一個共同點，就是都透過某個比較基準，佐證「考得真好」這個行為表現。

而三者的差異，在於用來做為佐證的比較對象不同。

「你這次考得真好，贏過全班大多數的同學！」是與別人比較，比較的對象是其他人，也就是班上同學，稱為「向外比較」的正向聚焦。

「你這次考得真好，比上次進步了很多！」是與自己比較，比較的對象是上次的自己，稱為「自我比較」的正向聚焦。

「你這次考得真好，幾乎就要滿分了呢！」是與某個既定標準比較，像是滿分、及格、全對，稱為「標準比較」的正向聚焦。

向外比較、自我比較、標準比較的正向聚焦，會在不同的時機點派上用場，也會帶來不同的效果。對孩子而言，如果是稱讚，當然比較喜歡聽到自己比別人強，也就是「向外比較」的正向聚焦；但是真正能帶來長期改變效果的，往往是「自我比較」的正向聚焦。

永遠給得出一些肯定

現在我們知道，正向聚焦可以使用於二大脈絡、五種層次、三項佐證，交互配對出三十種變化形式。在後面的章節中，將會更深入探討這些不同的正向聚焦，並分析其優缺點與適用時機。

你可以把這些正向聚焦的形式，當做通往孩子身上美好之處的路徑。這條路走得通，就繼續走下去；走不通、卡住了，不妨轉個彎，從另一條路走走看。三十種正向聚焦的變化形式，能提供你多個觀察與理解孩子行為的途徑，幫助你把眼光給打開，把視野給拓展，進而在孩子身上看到更多美好的風景。

於是，面對孩子時，你擁有更多的觀察線索，以及更多的回饋選項，給得出真正能為孩子帶來力量的肯定與讚美。

至少，你不會再只說：「很好呀！」

point

重點回顧

正向聚焦的三十種變化形式

	正向聚焦的焦點	例句
二大脈絡	結果	我聽說，你這次考了個好成績！
	過程	我觀察到，你花了很多時間在準備考試，下了很多苦工。
五種層次	行為表現	我觀察到，你在學習時相當專注。
	個人強項	你總是能夠全心投入。
	期待（正向意圖）	你希望能有一番讓人刮目相看的好成績。
	信念／價值觀	你相信一分耕耘，一分收穫。
	身分認定	你是一個堅持到底的人。
三項佐證	向外比較	你完成任務的速度，比其他人都要快！
	自我比較	你比之前還要快完成任務呢！
	標準比較	你完成任務花費的時間，比預定的還要短！

Form

Part 2

形式

1 聚焦在不同脈絡

如果，你正在追一齣劇，每一集都扣人心弦，讓你愈看愈著迷，停不下來。在熬了好幾天的夜，黑眼圈都不爭氣的冒出來時，終於來到期待已久的結局時刻。

看完最後一集後，你在心裡罵了聲髒話：「這什麼爛結局？」

請問，這齣劇是好看還是不好看？

這恐怕見仁見智。有的人會說：「結局不好，就可惜了，失敗！」有人會說：「結局雖不好，但過程中的每一集都很精采，不算太糟啦！」

不過，對大多數的人來講，即使演了九十九集好戲，結局的第一百集卻搞砸了，難免會對整齣戲感到失望，負評恐怕多於好評。

這正是人性，常重視結果甚於過程，結果總是左右了大局。

如果反過來說，當你看了九十九集的悶戲，卻在第一百集的結局時刻，來了個峰迴路轉，讓你拍案叫絕，你又會怎麼想呢？大概會覺得，這真是一齣好戲，前面的無聊煩悶，恐怕都拋到九霄雲外了。

結局的好壞，常讓我們忽略過程中到底發生了什麼事，體驗到了什麼，因為，我們總是重視結局勝過重視過程。問題是，如果只是結局不如人意，我們能因此全盤否定這齣戲嗎？我們能就此批評演員不認真、導演不盡責、後製太馬虎嗎？我們大概只會挑剔劇本寫得不夠完善，讓結局毀了一切。然而，所有劇組人員的表現，應該不會令你太失望才是，否則，你為什麼會一集又一集的追下去？

有一次，我和太太一起去看了場電影。從第一分鐘到結束前十分鐘，劇情是如此完美，但最後的十分鐘，結局卻爛透了。

散場之後，我對太太說：「唉！真是白白花了我兩個小時，竟然看到這個爛結局。」

我太太則說：「結局雖然不怎麼樣，但這兩個小時的大部分時間，你不也挺享受的嗎？」

我想也是！這正是我與太太對這部電影看重的焦點不同，而下了不同的結論。我比較關注的是結果，而太太則關注過程。當我們過度關注結果時，很容易以結局的好壞來對整件事情下論斷；但若也關注過程，則有可能看見不同的風景。

是真盲還是假盲？

我們看待身旁的人所做的事情時，也有類似的狀況。特別是面對孩子的行為表現，我們總是重視結果，卻忽略過程。儘管我們常說過程也很重要，一旦結果出爐，我們卻像是被鬼遮眼，過程中到底怎麼了，全都看不見，陷入「假性眼盲」的狀態中。

為什麼說「假性眼盲」？因為，你不是真的瞎了眼，而是不願意去看到，或者認為那不重要，所以沒看到。然而，過程卻是很重要的，因為，結果往往是由過程中的層層作為所造就。尤其在孩子成長與學習的階段，過程更是不能被忽略。

許多父母會對孩子這麼說：「我最不在乎的就是你的考試成績，只要有努力就好！」這句話聽起來是重視過程而不在意結果。然而，當孩子考差了，父母卻勃然大怒：「考這什麼爛成績，都沒在用功嗎？」到頭來，父母在意的還是結果呀！

只是，難道就完全不能在意結果嗎？關注結果與關注過程，又有什麼不同的影響？在正向聚焦時，該把焦點擺在哪裡好呢？

接下來，讓我們深度剖析正向聚焦的二大脈絡——結果及過程，了解兩者的差異，以及如何在這二大脈絡上進行正向聚焦。

聚焦在表現的「結果」上

所謂表現的「結果」，包括考了好名次、成績進步了、比賽獲獎、工作業績斐然、提案被接受、找到理想工作……當這些好表現發生時，當然值得被肯定，所以我們會這麼表達讚美：

對孩子說：「你這次考試獲得全班第一名，真是太棒了！」
對同事說：「你上個月的業績傲視全公司，太厲害了！」
對朋友說：「你竟然找到大家夢寐以求的好工作，太強了！」
對伴侶說：「你挑的禮物我好喜歡，你真懂我！」
對部屬說：「這個業務你辦得很不錯，上頭很滿意，辛苦了！」

這是最常見表達肯定與讚美的方式，把正向聚焦放在表現的結果上，因為，結果最容易被觀察到。只要是真實發生的事實，正向聚焦在結果上，並不會有太大的問題，對方通常也會欣然接受。然而，如果要給對方更多力量，只聚焦在結果上就顯得力道不足。

另外，若只正向聚焦在表現的結果上，可能會出現兩個問題。

首先，對方的表現如果一直不夠好，是否就一無可取了呢？這時可能就會找不到可以正向聚焦的地方。

再來，有時候這樣的話語，不足以激發對方繼續向前的動力。甚至，只肯定表現的結果，帶給對方的不一定是正向的感覺。言者無心，聽者有意，也許會被解讀成諷刺，或是禮貌性的回饋，並非真心誠意。

關於第一個問題，請回想我在第一章曾經提過「行為不會一成不變」的概念：一個懶得動的孩子，不會永遠連動也不動；一個不喜歡打招呼的孩子，不會一直連點頭、招手都不願意；一個總是無法完成作業的孩子，有時候也會幾乎快要寫完。

如果要正向聚焦於孩子表現的結果上，就要善用「行為不會一成不變」的原理，去發現孩子哪些時候是「有做到」或「做得到」的時刻，或者哪些時候是「沒有那麼差」的時刻，接著具體指出那些行為表現的「亮點」。

例如一個從不願意與師長打招呼問好的孩子，今天走過你身旁，看了你一眼，而且帶著笑容，管他是有心還是無意，你都可以立刻給予正向聚焦：「我觀察到你今天看著我笑，這讓我好開心，我很喜歡你笑著時的眼神哦！」雖然還是沒有招手、點頭或開口問好，但有微笑、注目，就已經值得肯定了。

關於第二個問題，就得透過正向聚焦在另一個脈絡，也就是表現的「過程」來因應了。

聚焦在表現的「過程」中

我曾經遇過一個成績優異的孩子，他每次考試的成績都名列前茅，父母肯定他、老師欣賞他、同學羨慕他，人人都說他功課好、學習能力強、好聰明、好優秀；然而，他卻告訴我：「每次聽到這些讚美，我並沒有比較開心！」

我問：「為什麼呢？」

他說：「因為，他們不知道我有多麼努力！」

原來，這孩子想被看到的，是他在這過程中的辛勤付出！

因此，除了讚賞表現的「結果」外，我們還可以選擇正向聚焦在表現的「過程」中。

所謂表現的「過程」，指的是一個人在為某事奮鬥的期間，所付出的努力、採取的行動、抱持的心態、堅持的意願、良善的動機，以及表現出來的某種人格特質等。不論結果如何，這些在過程中發生的事情、表現出來的樣貌，都是真實存在的，也是需要被看見的。

當孩子考試成績優異時，你除了說：「你這次考試獲得全班第一名，真是太棒了！」之外，還可以說：「我看到你願意改變讀書方法，做新的嘗試，因而能有這番好成績。」這是正向聚焦於學習過程中採取新的行動。

當同事的業績斐然時，你除了說：「你上個月的業績傲視全公司，太厲害了！」之外，還可以說：「能有這麼亮眼的表現，你一定花了很多時間，下了很多功夫吧！」這是正向聚焦於同事在工作過程付出的努力。

當朋友找到好工作時，你除了說：「你竟然找到大家夢寐以求的好工作，太強了！」之外，還可以說：「這顯示你的樂觀、親善與本身優異的能力，再次備受肯定了！」這是正向聚焦於朋友找工作的過程中，展現的能力與人格特質。

當收到伴侶送的禮物時，你除了說：「你挑的禮物我好喜歡，你真懂我！」之外，還可以說：「你願意花時間認真理解我，我感受到你的用心了。」這是正向聚焦於對方在兩人相處的過程中，所抱持的心態。

當部屬成功完成一件重要任務時，你除了說：「這個業務你辦得很不錯，上頭很滿意，辛苦了！」之外，還可以說：「這業務本身很有難度，但你還是堅持完成了，你是如何做到的？」這是正向聚焦於部屬完成任務的過程中，堅持不懈的意願，並且好奇他所採用的方法。

現在我們學到，孩子考了好成績，可以不只說：「考得真好！」還可以告訴他：「我看到你一直很用功，花很多時間研讀，終究有了好成果！」但如果孩子的考試成績始終沒起色，該怎麼正向聚焦呢？

從「過程」著手，你會發現仍可以給出肯定，像是說：「我看到你一直沒有放棄，仍然花心思認真鑽研，這種態度真的很令人敬佩！」

別小看這些話語的效果，這樣說正在暗示孩子，成績不佳只是暫時的，只要持續堅持不放棄，終究會有佳績。有時候，孩子想被看見的，是自己用盡全力了；很可惜，很多父母看不見或視而不見。久而久之，孩子也就放棄，不再努力了。

想一想，如果最近你工作有不錯的業績，別人可能會這麼恭喜你：「你最近的業績真好，我好佩服！」但如果你聽到：「我看到你花了很多的時間做準備與研讀資料、馬不停蹄的拜訪客戶、收集各方意見，難怪成果豐碩。我真要向你好好學習！」你也會覺得自己真的很不簡單吧！

成功通常不是偶然，也不只是運氣好而已，人們想被看見的，常是自己在過程中的艱辛與付出的努力。

在好萊塢電影中，許多英雄人物之所以讓觀眾激賞不已，不只是因為他們的英勇事蹟，而是屢遭挫敗卻永不放棄的精神，同時展現出過人的機智與彈性——觀眾想看的是這個，引起共鳴的也是這個。

同樣的，當一個人有著過人成就時，也會想被認可曾經下過的苦工。台上十分鐘，台下十年功，有時候，那不足為外人道的辛酸苦楚，才是真正渴望被看見的呀！

每個人的努力，都渴望被看見

一旦我們懂得，肯定與讚美不只聚焦在行為表現的結果上，更需要放在表現的過程中，我們就能夠對那些正處在困境、低潮與挫敗中的孩子，給出具有力量的鼓勵。

有個女孩國一剛入學，第一次月考就搞砸了。她因為覺得丟臉，認為自己無法應付課業，便拒學不去學校。在家這麼一待，就是一年。

學校老師沒有放棄，與這孩子及其父母保持密切聯繫，而父母也不斷鼓勵孩子走出家門，試著到學校去。一年後，孩子開始願意每週到校兩天，但是都待在輔導室，還是難以進班上課。

我與這孩子見面談話過幾次，知道她很想回到班上與同學一起學習，但就是做不到。我問她：「是什麼困住了妳呢？」

「我每次一想到要回到班上，就覺得很緊張、很焦慮！」

「妳擔心些什麼呢？」

「不知道！可能是怕同學會不理我吧！」

「同學會不理妳嗎？」

「我不知道。」這孩子搖搖頭，但看得出來，她內心深信這情況會發生。

「妳很想回到教室吧？」我想確認她的意願是否強烈。

「很想！」她點點頭。

「那麼，我們來做個練習。妳能不能想像一下，自己正從這裡慢慢走回教室？」

我先請她描述一下，從輔導室走回教室的路徑。接著，想像自己正一步一步往教室的方向走去，當她感到愈來愈焦慮時，就停下來，沒關係。這是認知行為療法幫助個案做行為預演時，經常使用的技巧。

這孩子很認真的練習，第一次，她在樓梯口前停了下來；我引導她做了幾個放鬆練習，她感覺好多了，想再繼續嘗試。第二次，她在距離班上還有一個教室的距離停下來，我再度引導她放鬆。最後，她在班級門口前一步的距離停了下來。她告訴我，她很希望自己進得去，但就是跨不出那一步。

「沒關係，這段路對妳而言，真的很遙遠，但妳卻能在想像中，幾乎走到終點了。我觀察到，妳很努力幫助自己，一步一步的往前邁進。」接著我問她：「這時，如果有個人能陪在妳身邊，讓妳覺得更安心、更有力量，妳希望是誰呢？」

她想了很久，告訴我，是媽媽。

「為什麼是媽媽呢？」

「因為，媽媽為我做了很多犧牲，她一直很努力！我想讓她看到，我也很努力，我有在進步了！」她的眼淚不斷從臉頰兩側落下。

每個人的努力，都渴望被看見呀！

重點回顧

人們總是重視結果甚於過程，當我們過度關注結果時，很容易以結局的好壞來對整件事情下論斷；但若也關注過程，則有可能看見不同的風景。

正向聚焦在結果上並不難，因為結果容易被觀察到，對方通常也會欣然接受。然而，如果要給對方更多力量，只聚焦在結果上就顯得力道不足。

成功通常不是偶然，也不只是運氣好而已，人們想被看見的，常是自己在過程中的艱辛與付出的努力。

那些正處在困境、低潮與挫敗中的孩子，一時拿不出好表現，這時候正向聚焦在過程中，則可以為孩子帶來更多力量。

2 聚焦在不同層次（一）

小時候，我看日本漫畫《中華一番！》時，總會覺得裡頭的內容太誇張。

我不是說劇情與現實嚴重脫節，或者故事不合邏輯；而是主角竟然可以把食物的味道，描寫得如此活靈活現，像是「就像麵條在舌頭上跳舞一般」或「那清爽的感受，讓疲憊的喉嚨都甦醒了」之類的描述。

我常常在想：「真的嗎？若品嘗到漫畫裡的那些料理，真的會吃出這些感受嗎？」對大多數的人來說，吃到好吃的食物，頂多是大讚好吃、美味，而說不太出來好吃在哪裡。但是，對料理有深入研究、擅長品味的人來說，卻能把不同料理的特殊之處，說得頭頭是道。

其實，兩者的差別就在於，你是否對一件事物觀察得足夠細膩。

一般的美食愛好者，只能觀察到食物好吃與否，頂多分個等級，或者粗略描述一下為什麼好吃。然而，如果是美食鑑賞家，則能從各個角度去分析一道料理，包括濃淡、溫度、軟硬、彈性、色澤、氣味、擺盤，甚至是這味道引發了什麼內在情感。

為什麼他們能觀察與描述得如此細膩呢？也許是豐富的經驗，也許是長期的訓練，讓他們學會從各種不同角度去關照細節之處。所以，他們在品味美食上，擁有比一般人還要多元、豐富的視角。

我不是一個喜歡一窩蜂排美食的人，對於人多的店一向敬謝不敏，因為急性子的我，等不了那麼久。有一次我出外散步，悠閒走過一間平常人滿為患的拉麵店。我向內一看，今天沒什麼人，肚子也有點餓，不如進去品嘗一下吧！

剛坐下來，濃郁的香氣便撲鼻而來，惹得我飢腸轆轆，便點了一碗店裡的招牌拉麵。等了一會兒，拉麵端上桌，我拿起湯匙先喝了口湯，刻意讓湯在口裡停留一陣，清香的滋味立刻化開，美好的感覺通過喉嚨直入食道。接著我夾起一口麵吃，慢慢咀嚼，感受到麵條軟硬適中的彈性，突然想起「就像麵條在舌頭上跳舞一般」這句台詞，心想：「啊！漫畫裡說的，是千真萬確的呀！」

飽餐一頓後，回頭想想，其實，我這輩子也吃過許多美食，比這家拉麵店更美味的比比皆是。然而，我卻是頭一回有著如此豐富強烈的味覺感受，這是為什麼呢？

我想，可能與我當時的心境有關。那天，我是帶著悠閒的心情，慢下來，一口一口，細細咀嚼，於是，我吃到食物中的真滋味，甚至感受到師傅的用心。

回到正向聚焦上，我們要學習的，就是更細緻的看待一個人，以及他所表現出來的行為，並表達肯定與讚賞。而要如何做到足夠細緻呢？一個關鍵在於，擁有更多可切入的角度，也就是多元的觀點；另一個關鍵是，放慢步調，細細品味。

接下來，讓我們談一談正向聚焦的五個層次，這能幫助你在給他人肯定與讚美時，做得更為細緻。因為這五個層次，其實代表了五種觀察人類行為的視角。而之所以稱為「層次」，是因為彼此之間有著階層或隸屬關係——由外顯到內隱，由局部到整體。

第一層：聚焦在行為表現本身

「你昨天溫習功課到半夜十二點呀！真是不簡單！」

「我觀察到，你最近上課時比較少打瞌睡了哦！」

「我看到你今天臉上的笑容變多了，真是好看！」

「我聽說，你昨天撿到錢之後，主動交給老師處理，這是拾金不昧的好行為哦！」

「你總是放學後就會先寫完作業，才去做別的事，真棒呢！」

「這次模擬考的成績進步囉！漸入佳境呢！」

上述這些，都是可被直接觀察到的行為表現，是正向聚焦五層次中的第一個層次，也是最基礎的層次。特性是可被觀察與容易描述，因為是客觀事實，所以通常也沒什麼爭論的空間。

前面已經提過，所有的肯定與讚美，都需要以事實為基礎，所以正向聚焦在行為表現本身，提供了我們肯定與讚美的出發點，接下來都是在這些行為事實上發展與變化，做更深入、更細緻的正向聚焦。

其實，光是指出孩子做得好、做得到的具體行為，對他就已經有肯定的效果了，因為孩子會知道，當他這麼做時，是受歡迎、被接納的，甚至知道有人看到了，他並不孤單，因而更有力量。

要正向聚焦在行為表現本身，最好在行為發生的當下，立刻給予肯定與讚美，效果最佳。

像我與太太的家務分工，常常是太太煮飯，我洗碗。當吃飽飯時，我開始收拾碗盤，太太就會說：「我老公就是愛乾淨，吃完飯立刻收拾！」接著，我開始洗碗盤時，太太又會繞到廚房說：「我老公的標準很高，碗盤總要洗得乾乾淨淨的才行。」

你說，我能不繼續洗下去嗎？因為我熱愛收拾、熱愛洗碗，而且會洗得很乾淨才善罷甘休呀！

第二層：聚焦在個人強項

當一個人屢次出現相同或類似的行為表現時，我們會認為他擁有某種能力或特質。例如時常對人展現熱情微笑與打招呼的人，我們會認為他具備「禮貌」的特質；一個人總是能過目不忘，或是聽到什麼都記得起來，我們會認為他的「記憶力」很強；一個孩子回到家，會主動把當天的作業寫完，把該溫習的功課完成，我們會說這孩子具備「積極」、「主動」、「自律」或「負責」的特質；一位父親再忙也堅持每天回家陪家人吃晚餐，我們會說他很「顧家」；一個孩子總會為同學打抱不平、挺身而出，不怕受威脅，我們會說他具有「正義感」或「勇敢」的特質。

現在，請想一想，你的孩子或身旁的家人，時常表現出什麼樣的行為？你認為他具備什麼樣的能力或特質呢？

也請你想一想，什麼樣的能力或特質，是你希望自己或孩子具備的呢？

當類似行為多次出現，就累積成一個人的能力或特質。然而，一種行為模式到底屬於能力還是特質，有時很難被清楚界定，所以我們借用正向心理學的用語，通稱為「個人強項」。

正向心理學者馬汀・塞利格曼（Martin Seligman）和他的同事，曾設計出一套「VIA個人強項測驗（VIA Strengths Survey）」，裡頭列舉了二十四個普世推崇的正向特質、能力或美德，分屬六大類群，羅列如下：

1. **智慧與知識**（Wisdom and Knowledge）：好奇心、熱愛學習、判斷力、原創性、社會智慧、觀點見解。
2. **勇氣**（Courage）：勇敢、毅力、正直。

3. **人道**（Humanity）：仁慈、愛。

4. **公平正義**（Justice）：團隊精神、領導力、公正。

5. **節制**（Temperance）：自我控制、謹慎、謙虛。

6. **超越**（Transcendence）：對美的欣賞、感恩、希望、靈性、寬恕、幽默、熱忱。

一個人值得被肯定的個人強項，當然不只這些，你還可以加入自己的觀點。然而，上述的二十四個個人強項，足以做為你觀察與檢核孩子行為表現的參考依據；同時，你也可以常常問自己：「在孩子成長的過程中，我最重視的是什麼？我最想培養孩子的個人強項有哪些？」

正向心理學的研究指出，一個人不需要在所有個人強項上都表現傑出，重要的是，能夠發現自己具有優勢或最突出的個人強項，好好發揮它們，也可以過著幸福與成功的生活。

因此，孩子需要在日常生活中，透過大人從旁的觀察及回饋，知道自己具備哪些個人強項，是值得珍惜與好好發揮的亮點。若能帶著這些個人強項，未來將自己放到適合的領域或環境中發光發熱，將會是孩子一輩子享用不盡的財富。

想像一下，一個在課堂上時常發問或與老師辯論的孩子，雖然會讓老師很傷腦筋，但這孩子可能擁有「批判思考」的個人強項——儘管他的人際智能尚待加強。

老師也許能這麼回應孩子：「謝謝你問了這麼多問題，幫助同學有更深度的思考，我很欣賞你獨立思考的能力哦！」同時也適時提醒：「有時候，當你不斷問問題時，會打斷老師的上課進度。可不可以等老師說到一個段落時，你再發問？我會給你發問的時間，也很樂意與你討論！」

下一次，如果孩子能在適當的時機才發問，我們就可以同時肯定孩子的「獨立思考」與「能找對時機」這兩項表現。

再舉一個例子，你的孩子若整天打遊戲，在網路上與網友組隊廝殺，回到家第一件事就是打開電腦找戰友報到……你大概會很頭痛吧！

然而，你是否可以在這當中，看到孩子的個人強項呢？也許是「團隊精神」、「領導力」、「冒險」、「堅持」、「反應靈敏」、「人際溝通」等。而在網路世界以外的生活，孩子也可能會表現出某些類似的個人強項。一旦觀察到，請立刻具體的指出來：「我觀察到，你不只在網路遊戲中，在運動與學習上，也很能夠運籌帷幄，擔任組織與統整的角色，像這次的園遊會就是由你策劃，你很有領導能力哦！」

這便是在「個人強項」層次的正向聚焦。

第三層：聚焦在期待（正向意圖）

期待，是我們希望事情會如何發生的內在意圖。前面曾經提到，所有行為背後都有正向意圖，也就是，不論是被社會認可的良好行為，或者是讓他人感到困擾的問題行為，背後都有著良善的動機。

有個孩子時常在上課時，當著全班的面說一些笑話，惹得大家哄堂大笑。一開始，大家都可以容忍，但因為愈來愈頻繁，幾乎每天的每節課，都會來上兩三回，而且笑話內容愈來愈不雅，不僅老師不開心，同學也覺得厭煩。慢慢的，他變成班上被排擠或捉弄的對象。

我與這孩子談到這問題時，孩子說：「就覺得好玩呀！」

「所以，你是想把歡樂帶給同學，是嗎？」

「對呀！上課多無聊呀！」他用力的點點頭。

「可是，同學們好像沒有很喜歡，你有發現嗎？」

他沉默了一下，低下頭說：「有呀！後來我就被討厭了。」

「可是，你仍然持續這麼做，一定有原因吧？」

「我以為這樣做，就會比較受歡迎！」

「你為什麼會這樣想？」我很好奇的問。

「因為，班上也有幾個同學會講笑話，他們的人緣都很好呀！」

「所以，你也想像他們一樣人緣好，才會在上課時說笑話呀！」

孩子點點頭。

我繼續說：「我聽到你很努力想改善自己的人際關係，只是，也許方法需要調整。我們一起來想想，還有什麼會受同學歡迎的方法，好嗎？」

沒有任何孩子是故意要被人討厭的。這孩子明知道自己上課時講笑話，會不受歡迎，甚至被孤立、排擠，卻仍然一直這麼做，持續被同學討厭、受老師責罵，為什麼呢？

原來，他這麼做的背後有個正向意圖，就是希望能獲得好人緣。因為他觀察到，班上受歡迎的同學，都是那些有幽默感、很會講笑話的人，他也想如法炮製。一開始確實收到效果，也就是行為發揮功能了。然而，因為無法拿捏分寸，所以副作用也隨之而來，反而讓他變得更不受歡迎。

如果師長與孩子討論這個問題行為時，只是要求他上課時安靜一點，不要繼續講笑話了，他可能表面上點頭答應，實際上依然故我。因為，這並沒有肯定到孩子行為背後的正向意圖，甚至否定了他想要改善人際關係的本意，他當然堅持不改變。

若我們能夠先正向聚焦在行為背後的正向意圖，把孩子內心的期待（贏得好人緣）給說出來，那麼，孩子會覺得師長是懂他的，是願意接納他的，自然會願意與師長合作，也才有後續討論如何調整做法的機會。

任何行為背後的正向意圖，不外乎是「幫助自己更為提升」或「保護自己免受傷害」。我們在看待孩子的問題行為時，一定要記得把這兩個正向意圖拿出來核對：「孩子正在透過問題行為發揮什麼功能，或是解決什麼問題？」

再舉一個例子，不少師長都受不了孩子做錯事還「比爛」。什麼意思呢？就是推說還有其他人比自己做得更糟，可能是這麼說：

「哥哥也在滑手機，為什麼你不罵他？」

「王小華還不是有罵髒話，而且罵得更難聽耶！」

「班上又不是只有我在吵，林大偉甚至還唱歌很大聲呢！」

「亂丟垃圾的又不是只有我，他們也有呀！」

就像一個人闖紅燈被警察攔截時，心裡也會上演小劇場，嘀咕著：「又不是只有我，而且又沒有來車。比我違規得更誇張的人多的是呀！」

「比爛」看起來是種無法為自己行為負責的表現，想要拉其他人一起下水，試圖「稀釋」自己的罪行。然而，這個行為背後的正向意圖，或許只是想避免被責備、沒面子、被懲罰，所以比爛具備的功能是「保護自己免受傷害」。

我曾遇過一個孩子，他是家裡的老么，上面有兩個姊姊，任何方面的表現都很優異。所以，不管什麼事，在家裡他最常被罵。甚至到後來，如果發生什麼事，爸媽都會直接認定就是他做的。

長久下來，他的心裡積累了大量的委屈，所以在自己做錯事，可能會挨罵時，就多拉幾個倒楣鬼一起下水。看到別人也受到懲處，這樣他心裡才會舒坦一些，感覺平衡一點。所以，「比爛」這個行為模式，幫助他因應內心長期感到不公平的心情。

我告訴這孩子：「你一直說，還有誰誰誰比你更糟時，我知道你心裡有委屈，如果別人也一起受到懲處，你會感覺心裡好過些。更重要的是，你是希望讓我感受到，你其實沒有這麼糟；確實，你也是有表現得很不錯的時候。」

當我們說出一個人行為背後的正向意圖時，也是在向對方表達深深的同理，讓他感受到被充分理解。

那麼，我們怎麼知道孩子行為背後有哪些正向意圖呢？有些是我們聽到孩子自己說出口的，有些則是根據我們對孩子問題的觀察，經過一番推理或猜測而來的。所以，正向聚焦在期待上，通常會需要經過一些引導與探問，並且與孩子核對，看看是否真是如此；若沒有說中，孩子自然會幫助我們修正，仍然可以知道他是怎麼想的。

當我們願意去看見與肯定孩子行為背後的正向意圖時，就會發現孩子其實沒有那麼壞，他只是遇到了困難，需要我們去協助。行為本身或許會帶來困擾，但背後的動機總是良善的；正向意圖能被接納時，行為就有修正與調整的可能。

在本篇內容，我們學習到正向聚焦五個層次中的前三個，分別是行為表現本身、個人強項，以及期待（正向意圖）。這或許已經讓你覺察到，原來，我們可以把一個人的行為觀察得如此細緻，而在表達回應時，也有更多的切入點。

下一篇我們將繼續談論，正向聚焦五個層次中的另外兩個，位階更高，影響力更大。

point

重點回顧

正向聚焦就是要更細緻觀察一個人的行為。如何做到足夠細緻呢？關鍵在於擁有更多可切入的角度，也就是多元的觀點；另一個關鍵是，放慢步調，細細品味。

要正向聚焦在行為表現本身，最好在行為發生的當下，立刻給予肯定與讚美，效果最佳。

每個人都有不同的個人強項，孩子需要在日常生活中，透過大人從旁的觀察及回饋，知道自己具備哪些值得珍惜與好好發揮的亮點。

面對孩子的問題行為時，一定要記得思考：「孩子正在透過問題行為發揮什麼功能，或是解決什麼問題？」也就是看見問題行為背後的正向意圖。

正向聚焦在期待上，通常會需要經過一些引導與探問，並且與孩子核對，看看是否真是如此；若沒有說中，孩子自然會幫助我們修正。

3 聚焦在不同層次（二）

正向聚焦之所以能為人帶來力量，是因為一個人及其行為模式的多樣與豐富，一旦被如實的看見與肯定，就會讓人感受到自己的價值，也感覺被接納而有歸屬感——這是一個人成長的養分，養分豐足了，自然能朝健康正向的選擇邁進。

接下來，我們繼續探討正向聚焦五個層次中最高階的兩項：**信念／價值觀、身分認定。**

第四層：聚焦在信念／價值觀

信念或價值觀，是一個人對自我、他人或世界整體運作的看法，通常是一個人判斷是否要表現出某種行為的依據。

先從信念談起。信念是我們所相信的事情，能夠用語言、文字描述出來，像是一些教條、守則或格言，基本上都是信念的形式。你若相信某個信念，你的行為就會遵照這信念的「指示」表現出來。

像是「勤能補拙」或「一分耕耘，一分收穫」，這些句子你耳熟能詳，但你真的相信嗎？或者說，你相信的程度有多高？

若你非常相信，就會在追求成就的過程，一步一腳印、盡力而為，而不會痴心妄想一步登天。若你不是這麼相信，可能會想著：「是否能一分耕耘，就換取十分收穫？」並且設法找出更省力、更有效果的捷徑。

當然，也可能你相信的是「有些事情再怎麼努力也沒用」，就會傾向放棄努力，因為覺得一切都是注定好的，或者是運氣、天分的問題，與一個人的努力程度無關。

因此，你相信什麼，你就會做出什麼。

再來，俗話說：「舉頭三尺有神明。」意思是人在做，天在看，提醒人要小心自己的言行，因為老天爺都緊緊盯著，善有善報，惡有惡報。

你若問身旁的人，相信「舉頭三尺有神明」嗎？多數人會說他們相信。然而，既然相信，為什麼人們還是會為非作歹、貪小便宜、做出損人不利己的行為呢？

其實，大多數人心中對「舉頭三尺有神明」這信念，通常是相信一點，但不完全相信，甚至是「選擇性相信」——有時候信，有時候不信。因此，對於相同的信念，每個人會有不同的相信程度，於是帶來了不同的行為表現。

信念通常會顯現在三個對象上，一個是自己，一個是他人，一個是世界整體。信念若是積極性的，行為表現也會較為正向，而被社會認可；若是局限性的，就會引發消極、負面、難以被社會接受，甚至被視為是「問題行為」的舉止。舉例如下表：

信念的顯現對象與行為表現

對象		信念	行為表現
自己	積極性	我有能力學會任何想擁有的技能。	積極嘗試、勤奮向學、勇於接受學習挑戰。
	局限性	我生來就是笨，學什麼都不如人。	放棄學習、怠惰無力、對於更高的學習挑戰難以堅持。
他人	積極性	大人是值得信任的。	遇到問題會願意向師長求助，與師長分享。
	局限性	大人都是虛偽做作的，只會傷害人。	遇到問題總是獨自承擔，不願意讓師長知道。
世界整體	積極性	人人為我，我為人人。	樂於貢獻自己，幫助他人。
	局限性	人不為己，天誅地滅。	顧好自己就好，對別人的痛苦冷眼旁觀。

因此，能引發人有更多力量去追求正向積極目標的信念，稱為「積極性信念」；反之，限制人去追求正向積極目標的信念，稱為「局限性信念」。不論對自己、他人或世界整體，我們都希望孩子能擁有積極性信念，而非局限性信念。

可惜許多孩子的內心，其實早就對自己生活各方面，下了消極負面的結論，例如說：「我不值得被愛。」「我永遠不會成功。」「爸媽不可能看重我。」「我的聲音不可能會被聽見。」「人際關係會傷人，離遠一點比較好。」「我就是個失敗者。」「好運不會有我的份。」「這個世界就是充滿仇恨對立。」「我是多餘的，只會拖累大家。」

可以想見，這樣的孩子，在課業學習上，會提早放棄；在人際關係上，不是武裝自己，就是孤立退縮；對於生涯發展，可能失去人生目標，傾向做出各種自我毀滅的行為。

只是，我們要問，一個孩子的內在世界，怎麼會充滿局限性信念呢？為什麼會有這些悲觀的想法呢？

所謂「一朝被蛇咬，十年怕草繩」，如果你的人生曾經遭逢重大傷害，甚至好一陣子無法脫離那種痛苦，你也會懷疑人生。

這些孩子正是在成長過程中，曾經遭受到許多或大或小的傷害，使得現在的他們傷痕累累。這些傷害，最多是來自家庭，也有來自學校，因為不斷經歷挫敗、恐懼、無力、罪惡、委屈，讓他們就此相信，自己不夠好或不值得被愛。

而這些局限性信念，也成了孩子用來提醒自己避免再受到傷害的護身符。因為我「不值得被愛」，所以還是自己獨處，別與他人有太多互動；結果慢慢被認定是一個孤僻的人。

要扭轉這樣的生命經驗，身旁大人提供的穩定支持是關鍵，而大量的正向聚焦，將能為孩子帶來再次積極向前的力量。

你可以聚焦在行為表現本身、個人強項、正向意圖，也可以選擇聚焦在信念上。特別是那些積極性信念，我們要去強化；而局限性信念，則要稍微做點轉化，但不是要求孩子「不要這麼想」。

例如你的孩子每晚願意花一些時間溫習功課，你希望給他一些肯定與鼓勵，可以這麼說：「我觀察到，每天晚上吃過飯，你就會自己進到書房去溫習功課（行為表現）。這顯示你在課業上的堅持與決心（個人強項），你很希望可以好好學習，讓成績愈來愈有起色（期待）。而且我知道，你相信只要夠努力，一定學得會，一定做得到（信念）。」

請注意，最後的那句話「你相信只要夠努力，一定學得會，一定做得到」，就是正向聚焦在信念上。

你可能會問：「孩子真的是這麼想嗎？」

這我們不得而知。然而，就常理來推斷，一個堅持每天晚上都溫習功課的孩子，應該是如此相信的。這信念本身是積極性的，當然值得我們去指認出來，進而被強化。

接著，我們再來談價值觀。價值觀是你所重視的事情，而各項重視的事物，通常有先後次序，也就是重視A更甚於B，重視B更甚於C。

例如金錢與健康，你比較重視哪一個？

許多人都說「健康」比較重要。然而，真是如此嗎？有太多人為了賺更多的錢，一直燃燒自己的健康，以致身體狀況每況愈下；直到惡疾纏身，仍然無法覺悟。其實，一個人對自己的了解程度，真的沒有想像的多。

有人也可能大方承認「金錢」更重要。因為，有錢才能買得到對健康的保障。但是持反面觀點的人，便會譏笑他們：「年輕不養生，老來花錢養醫生。」

類似這樣的爭論，永遠都沒有休止。所以，價值觀通常很難有絕對的是非對錯；或許存在著某些普世認可的觀點，也有所謂的主流價值，但仍然很主觀。

價值觀和信念類似之處，是你重視什麼，就會把時間和精神花費在那上面。因此，價值觀也是驅動一個人行為表現的依據或動力來源。例如一個重視人緣的孩子，就會表現出能博得好人緣的行為：總是面帶微笑、主動幫助別人、懂得噓寒問暖、知道察言觀色等。

又例如一個重視課業成就的孩子，就會展現各種積極的學習行為：主動發問、規律溫習、自動找資料、整理讀書空間、備齊學習工具。甚至，他可能會為了課業成績，犧牲掉其他也很重要的事物，像是健康。我們都知道，時常熬夜讀書，雖然可以獲得好成績，但也等同於揮霍健康；只是年輕時體力好，通常不會這麼看重健康或睡眠。

世代之間的歧見，常常就來自於價值觀的差異。有個大學生曾向我抱怨，他很想出國遊歷一番，最近正積極準備出國當交換學生，但可能因此延後畢業。他的父母相當反對，一直說：「趕快完成學業比較要緊，為什麼要多浪費一年的時間呢？」

類似的事情也發生在另一位大學生身上。他在技職體系中，透過技藝競賽保送上大學，同時有機會獲選為國手，為國爭光。如果成為國手，會接受一整年密集的培訓，也就是課業將停擺一年，屆時可能會延畢一年。

他很希望能爭取此殊榮，但父母卻持反對意見：「好不容易上大學了，就乖乖把書念完！出國比賽有什麼用呢？你能保證一定會得名嗎？為了這個浪費一年的時間，太不值得了！」

這就是兩代之間價值觀的不同，造成親子對相同的事情，看法與選擇有著天壤之別。對年輕一代而言，青春無限美好，冒險、新奇體驗與累積經歷，才是重要的；對年長一代而言，重要的是穩定與安全，因此，時間分分秒秒都很珍貴，別花在沒有把握的事情上面。

你說，誰對誰錯呢？其實都是對的，因為兩方的本意都是良善的，人生抉擇通常不會有絕對、單一的正確答案。然而，我們卻常因此覺得不被對方理解與支持。孩子抱怨大人守舊、古板、過度保護；大人則怪罪孩子不懂事、不聽勸、無法體會父母的用心。

當雙方都在否定彼此的價值觀時，就失去了對話與討論的空間，甚至讓彼此的感情交惡，實在得不償失。

我常想，在討論類似觀點分歧的事情時，為什麼不願意好好聆聽對方的想法呢？因為，我們第一時間就會否定與我們對立的價值觀，所以當然談不下去！如果我們記得先肯定對方的價值觀，就能爭取到持續對話的空間，也才有可能找到彼此都能接受的因應之道。

那麼，親子間要如何肯定對方的價值觀呢？

以「孩子想出國當交換學生」為例。孩子可以這麼說：「我知道你們會這麼反對，是因為關心我，不希望我的前途被耽擱；因為對你們而言，穩定與安全是最重要的，這樣才會是成功的保證。」父母則可以如此回應：「我知道，你一直很想出國走走，因為你覺得，總要趁年輕勇於嘗試，增加在國外歷練的機會，這也許能為你的前途加分吧！」

再以「想爭取擔任技藝競賽國手的大學生」為例。孩子可以這麼說：「我知道對你們而言，時間真的很珍貴，不應該浪費在沒把握的事情上，所以你們才會這麼反對。」父母則可以如此回應：「我能感覺得到，你有多想爭取為國爭光的機會。因為你覺得，如果不把握這次，這輩子也許都沒機會了，所以即使需要多花一年時間，你也在所不惜。」

你一定想問：「這麼說，就能夠有效說服對方了嗎？」

我得強調，正向聚焦在價值觀，並不是讓你用來說服對方的，而是幫助雙方開啟持續對話的空間與機會，避免讓彼此關起門來，拒絕進一步互相理解。當對話持續下去，才能討論出彼此都可以接受的方案。

就算誰也不能說服誰，至少能促進理解，傳遞關懷，為關係保溫。

在大部分的人際互動中，證明對錯是最不需要的事；但往往——特別在家人間——每個人都拚命想證明自己是對的，對方是錯的。如果你只想著如此，就會開始否定對方的價值觀。

試想，當你很珍視的東西受到他人踐踏、詆毀時，你還耐得住性子與對方溫和互動嗎？我們通常會設法捍衛自己，同時不甘示弱的回擊，證明自己的價值觀有多正確，正確到不容質疑；而對方的價值觀是多麼一文不值，簡直愚蠢至極。

讀到這裡，你慢慢發現，正向聚焦的層次，從行為表現本身到信念／價值觀，是一個由外而內，逐步探索與發現的過程。

行為表現本身因為明顯可見，只要稍加留心，很容易被觀察與辨認出來；個人強項也可以透過長期的觀察來獲得；但期待或信念／價值觀，相對較為內隱，如果當事人沒有自己陳述出來，我們往往不得而知。所以，當我們準備朝一個人的內在世界前進時，通常需要來回交互經歷兩道程序。

第一是推理，也就是綜合一個人行為表現與情境條件來進行整體研判，他期待什麼、相信什麼或看重什麼？

例如一個孩子總在特定的課堂上不斷提問，打斷老師的上課節奏，我們也許能推理，他這麼做，背後的期待可能是「希望被這位任課老師注意到」，他的信念是「沒有人願意看見我」，他重視的可能是「能與人有關係聯結」。是否真的是這樣呢？這就要透過第二道程序來檢核。

第二是經由充分的探問與核對，確認我們對於對方的內在世界，是否有足夠正確的理解。

說真的，想要進到一個人的內在世界，其實沒有這麼容易，特別是在人際關係中有創傷經驗的孩子，對人是不信任的，很可能會拒絕師長的善意關懷，對於任何探問也帶著防衛。然而，因為正向聚焦把聚光燈全打在正向之處，所以每一次的探問或核對，同時能帶給人力量，對方敞開心房的可能性便會提高。

第五層：聚焦在身分認定

最後一個正向聚焦的層次，是身分認定。

如果有人問你：「你是一個怎樣的人呢？」當你試圖回答時，思考焦點就在身分認定這層次上了。現在想一想，你會怎麼回答這個問題呢？

我們可能會說：「我是一個守時的人。」「我是一個勤奮的人。」「我是一個愛走捷徑的人。」「我是一個愛乾淨的人。」「我是一個有道德潔癖的人。」「我是一個對信仰虔誠的人。」

身分認定相較於其他四個層次，有著較高的地位。這怎麼說呢？

身分認定常是對一個人在行為、能力、特質、期待、信念、價值觀等方面，整體且一貫性的描述。換句話說，身分認定常是由特定的行為、能力、特質、期待、信念、價值觀組成，彼此之間具有連貫性與一致性，而且在大多數的情境下，都會表現出不相違背的行為。

若一個人說自己是個守時的人，也就是具有「守時」這個身分認定，那麼我們可以預期，他時時刻刻都會守時，絕不會遲到。他律己甚嚴，很能自我控制；他期待自己要守時，同時也期待別人這麼做；他相信「一寸光陰一寸金，寸金難買寸光陰」的道理；在他的價值觀裡，守時被放在很優先的位置。

一個人要能明確說出自己的身分認定，通常需要經過長期的自我觀察，其中包括了各種經驗的累積與總結，而有很大一部分是來自於別人的回饋。

試想，一個孩子被父母要求幫忙做家事，他因為貪玩，做到一半就跑去打電動。父母發現了，搖搖頭對他說：「你就是一個喜歡偷懶的小孩！」這孩子當然不服氣，因為很多時候，他都有完成父母交代的家事；很多時候，不是自己想偷懶，而是不知道怎麼做，所以去打電動了。

然而，每次只要發生類似的事情，父母就會罵他：「你很愛偷懶耶！」他也開始慢慢懷疑，自己是否就是一個愛偷懶的人呢？

有次這孩子課堂上的作業沒完成，老師當著同學的面說：「全班同學都完成作業了，就只有你沒完成。給你時間，你卻做不完，我看你大概就是在偷懶！」那天，他能感覺到同學都在笑自己，因此又開始懷疑，是否自己就是個偷懶的人？

於是，他開始有意無意的留意自己偷懶的線索。有一次，他在學校做打掃工作，那天因為身體有些不舒服，所以草草掃完後，就趕緊回到教室休息。結果檢查清潔的同學指著他的鼻子說：「你又在偷懶了，根本沒掃乾淨呀！」

愈來愈多的證據都指出，他就是一個偷懶的人。於是，他愈來愈相信自己就是一個懶鬼。而偷懶的人就要擁有各種偷懶的手段，最好能夠什麼都不付出，便能交差了事。後來，他果然愈來愈懂得投機取巧，能混則混，並因此被更多師長或同儕認為是愛偷懶的人。

只要面對比較麻煩或複雜的事情，「我是一個愛偷懶的人」這個身分認定就會提醒他：「要做好這些事，好累哦！還是想辦法敷衍或逃避吧！」愈是這樣，偷懶的狀況就會愈來愈嚴重。當然，他也為此付出了許多慘痛的代價。

你可能會問：「既然付出慘痛的代價，為什麼不改變呢？」答案很簡單，因為，偷懶也為他帶來許多好處呀！

另一方面，身分認定就是一個標籤，一旦標籤形成，被牢牢貼在人身上時，要撕下來或改寫標籤內容，將會十分困難。所以，標籤化效應對孩子造成的傷害，常常是永久性的。相對的，若能幫孩子貼上正向的標籤，也可能激發他表現出正向的行為。

那麼，我們沒事就要不斷送給孩子各種正向的標籤嗎？

別忘了，正向聚焦必須基於事實，肯定與讚美那些真實發生的行為，孩子才會相信與接受。同樣的，身分認定的形成，也是奠基在一連串真實發生的事實上。

所以，我們不能只是拚命對孩子說：「你是一個重視課業的人。」然後就期待他會對課業付出較多心力；也不能只是對孩子說：「你是一個體貼的人。」然後就期待他會懂得關懷別人，具有同理心。

要透過正向聚焦在身分認定層次，給孩子正向成長的力量，一定要對孩子的行為有長期的觀察，甚至有許多的討論，在足夠理解的前提下，給出身分認定層次的回饋。

家長可能會這麼說：「我觀察到你每次回家，就會先把作業完成；假日的時候，也會規劃時間複習功課；每次考完試，都會確實把錯誤的地方訂正起來；遇到不懂的問題，也會主動請教同學。我想，你應該是個很重視課業表現的人吧！」

上述這段話，只有最後一句是正向聚焦在身分認定，前面則是把具體的事實給描述出來，做為正向聚焦的證據。當孩子接受家長給予的正向聚焦，也更認同自己是個重視課業表現的人時，就會表現出更多對課業學習主動積極的行為。

身分認定的建立，需要有足夠的行為事實，而身分認定一旦形成，對行為就會發揮極大的影響力。因為，人們傾向於做出與自我形象相吻合的行為，如果行為與自我形象不一致，內心的焦慮與衝突就會浮現，逼使一個人去修正行為，以符合他自己的內在形象。

舉例來說，一個重視課業表現的孩子，如果有一天在溫習功課時，有些讀不下去，很想去看電視或休息時，他的內心肯定會天人交戰。不過，只要身分認定夠穩固，這孩子就會要求自己繼續乖乖待在書桌前，把功課給溫習好。

現在我們學會，在身分認定上的正向聚焦，會引發孩子更多正向積極的行為表現。那麼，我也要請你思考，在家長或老師的角色上，你的身分認定是什麼呢？這如何影響你發揮家長或老師的角色功能呢？對孩子的影響又是如何呢？

我曾遇過一位母親，她因為孩子的問題層出不窮，每次與我討論孩子的事情時，常脫口而出一句話：「我真是個失敗的母親。」接著，整個人的情緒都沉浸在一股「失敗母親」的低氣壓中。

想必，這位母親在面對孩子的問題時，時常歸咎於自己不會教、教不好、沒提早注意等，所以總是不斷自我檢討，找到自己做得不夠好的證據來責備自己，以證明她真的就是一個「失敗的母親」。當然，可能她身邊的人也常常這麼告訴她。久而久之，她就真的與「失敗的母親」這標籤分不開了。

如果要改變這母親的身分認定，該怎麼做呢？用正向聚焦的方式介入，可以如何幫助她，鬆動如此負面的自我觀感呢？

請容我賣個關子，因為你已經掌握正向聚焦的大半招式，即將學會正向聚焦，我相信你一定能想出適當的做法。

point

重點回顧

信念通常會顯現在對自己、他人與世界整體三個對象上。若屬於積極性信念，行為表現也會較為正向，而被社會認可；若是局限性信念，就會引發消極、負面、難以被社會接受的行為舉止。

正向聚焦在信念上時，我們可以去強化那些積極性信念，而局限性信念，則要稍微做點轉化，但不是要求孩子「不要這麼想」。

人際關係中的衝突與紛爭，常來自於價值觀分歧。如果我們記得先肯定對方的價值觀，就能爭取到持續對話的空間，也才有可能找到彼此都能接受的因應之道。

接近對方的內在世界，需要經歷兩道程序：第一是推理，綜合一個人行為表現與情境條件來進行整體研判；第二是經由充分的探問與核對，確認我們對於對方的內在世界，是否有足夠正確的理解。

身分認定就是一個標籤，一旦標籤形成，被牢牢貼在人身上時，要撕下來或改寫標籤內容，將會十分困難。所以，標籤化效應對孩子造成的傷害，常常是永久性的。

身分認定對行為的影響力極大，因為，人們傾向於做出與自我形象相吻合的行為，如果行為與自我形象不一致，內心的焦慮與衝突就會浮現，逼使一個人去修正行為，以符合他自己的內在形象。

4 聚焦在不同佐證

到目前為止，我們已經學到正向聚焦變化形式中的「二大脈絡」：聚焦在結果或聚焦在過程，以及「五種層次」：聚焦在行為表現本身、個人強項、期待（正向意圖）、信念／價值觀、身分認定。

我必須說，光是這樣，就已經可以將正向聚焦運用得很到位了！如果我們要讓正向聚焦展現得更豐富，讓肯定與讚美更有說服力、更能被對方接受，只要再加上三項佐證的靈活運用，就能夠強化正向聚焦的效果。

記得我讀大學時參加過一場演講。講師的表達相當風趣幽默，但也時常點人起來回答問題，因此現場瀰漫著些許緊張刺激的氣氛。有一次，我被點到發言，起來說了自己的想法後，講師看著我，用極誇張的語調說：「太棒了！一百分！」

得到講師的肯定，當下我的心情直衝雲霄！就在我還沉醉於得意時，講師接著補上一句：「可是，滿分一萬分。」咚的一聲，我從雲端跌落谷底；全場哄堂大笑。

當然，我知道講師是故意要製造效果，才會如此說；在當時的情境下，也無傷大雅。然而，這經驗說明了一件事：每個人的表現除了想被看見、被肯定之外，還想知道做得究竟有多好？好到什麼程度？這時，就需要加上比較的標準做為佐證，才能更具體凸顯出「有多好」。

只要是人就會比較，而身為父母的人，更愛比較。孩子剛出生時，我們就拿孩子做比較了，像是跟同年齡的小孩比起來，身高體重如何、相貌如何、誰先會爬、誰先會走、誰先開口叫媽媽，一路比到大。接著比課業、比才藝，未來還比工作、薪水、婚姻……什麼都可以比。

比較本身並非壞事，因為可以讓我們知道，我們現在的處境，落在多數人中的哪一個位置，確定自己不是個異類。所以，父母在孩子出生後，通常都會參照生長曲線，以確保孩子的各項發展沒有落後。所以，比較是有功能的。

問題是，「過度比較」卻是有害的。當大人總是拿孩子做得不夠好的地方，來與比他優秀的同齡孩子比較時，偶一為之或許還可以，但若經常如此，孩子的內心肯定挫敗無力，最後衍生出自卑與負面的自我觀感。

然而，許多家長甚至老師，都誤以為唯有這樣，才能讓孩子看見自己目前在群體中的表現地位，以此促發他的上進心，發揮見賢思齊的效果。只是，在真實世界裡，許多孩子是一再比較下的犧牲品，因為他總是吊車尾的那一個，再怎麼用盡全力，可能就是比不過人。一個班上，總會有人成績墊底；手足之間，總是有人動作比較慢。所以，在比較至上的文化之下，就會有人需要被踩在腳底下。

透過比較來引發孩子的競爭意識，不只落後者會受到傷害，領先者也不一定好過。那些從小透過比較來證明自己能力的人，可能也被比較本身困擾著。或許，他們有著不能輸的壓力，贏過了這群人，還要贏過另一群人；或許，他們不斷要求自己要更好，卻永遠覺得自己還是不夠好。

如此一來，孩子贏過再多人，獲得再高成就，也無法換得內心的快樂與滿足，伴隨而來的，還可能是持續的焦慮。這可不是我們煞費苦心教養孩子，期待最後看到的結果吧！

為了避免只參照單一標準而陷入過度比較的後遺症，正向聚焦通常會交互運用「三項佐證」來源：與自己比較、與他人比較、與既定標準比較。

與自己比較，比較的對象是自己，又稱為「自我比較的正向聚焦」。

與他人比較，比較的對象是別人，又稱為「向外比較的正向聚焦」。

與既定標準比較，比較的對象是某個事先設定好的標準，又稱為「標準比較的正向聚焦」。

運用「三種佐證」來進行正向聚焦，各會產生不同的效果，當然，也都有需要留意的地方。

自我比較的正向聚焦

有位母親來問我，她的孩子總是很內向害羞，無法融入人群。我請她說得更具體一點，她表示孩子常抱怨，不知道怎麼跟同學互動，上課的時候也不敢舉手發言、提問或回答問題。

「孩子希望改善自己的狀況嗎？」我問。

「想呀！但他都說不知道怎麼做。」

「那麼，他曾經嘗試過什麼努力呢？」

「前幾天，他告訴我，他在上課中，當老師問問題時，他鼓起勇氣舉手，但老師都沒有點到他，這讓他感到很沮喪。」

「那麼，妳是怎麼回應他呢？」

「我就告訴他，一定是手舉得不夠高，老師才沒看到；不然就多試幾次，老師一定會看到的。」

我請這位母親想想，當下，孩子聽了之後有什麼反應？

「好像心情也沒比較好，臉還是垮垮的！」

「是呀！妳這是在檢討他做得不夠好的地方，正在拿走他身上的力量，他當然還是很沮喪呀！」

接著我告訴她，可以嘗試這樣回應：「我聽到你說，今天上課時，勇敢舉手想回答問題，這是你之前不敢嘗試的事情呢！真是不簡單。告訴我，你是如何幫助自己做到的呢？」

這句話，將焦點放在孩子有做到的具體表現上，同時拿這次的表現和過去的表現相比較，讓他看到自己的努力與進步。即使結果不如預期，但過程中的付出與勇敢嘗試，也值得被肯定。這樣的引導方式，正是透過讓孩子與自己比較，見證他比過去的自己更加突破了。

接著再與孩子討論，可以怎麼做，讓老師看得到他，爭取到回答問題的機會。如此，孩子將會有意願繼續討論下去，也對於嘗試新方法感到更有信心。

自我比較的正向聚焦，就是把正向聚焦的聚光燈，打在孩子的進步上。如何知道自己進步了呢?比起過去的自己，面對相同的困境時，表現更好了、付出更多了、更願意嘗試新方法了、更能面對了、堅持更久了……這些都是。

所以，自我比較的正向聚焦，正是在為孩子展示出一個成長脈絡，讓孩子看到自己的進步，因而更有力量繼續走下去。

心理學家發現，想改變長年的舊習慣，或是建立起一個全新的習慣，是很不容易的事，通常需要長時間的反覆堅持。不過有個簡單的祕訣，可以讓你更有動力繼續堅持下去，那就是「做紀錄」。

例如你想鍛鍊核心肌群，希望養成每天做棒式平板支撐的習慣。那麼，你可以在月曆上做紀錄，當天只要有做到，就在那個日期上打勾，同時寫上支撐的秒數。久了之後，這個紀錄本身，就會成為你去做棒式平板支撐的增強物。當你哪一天想偷懶時，看到這個紀錄，就會要求自己還是得去完成。

看著月曆上打勾的次數愈來愈多，秒數也愈來愈長，你會對自己更有信心，更能堅持做下去。而現在有很多電子產品或手機APP，都有類似的記錄功能，能幫助你在健康計畫上持續達標。

所以，在自我比較上正向聚焦，正是幫助一個人見證自己的進步，因而更相信自己可以做得到。比起向外比較或標準比較的正向聚焦，自我比較的正向聚焦，更能夠激發孩子的成長心態。因為，看到自己不斷在進步，會讓他開始相信，透過努力是可以改變結果的。

過去，我時常遇到一些成績表現優異，也對自我要求極高的孩子，他們告訴我，覺得自己不夠好。

「哪裡不夠好呢？」我很好奇的問。

「因為不是班上第一名，所以我不夠好。」

「如果你已經是班上第一名了，你會對自己滿意嗎？」

孩子想了想，說：「可能還是不會。因為，我不是全校第一名。」

「如果已經是全校第一名了呢？」

「我希望可以是全國第一……。」

孩子知道自己表現傑出，卻總是將比較的焦點放在外面，永遠在為自己樹立敵人，所以也永遠活在戒慎恐懼之中，當然感受不到追求成就帶來的滿足。

於是，我告訴他：「孩子，我知道，你很想要樣樣傑出，你如此積極，令我很敬佩！然而，我也要讓你知道，真正的成功，不是贏過所有人。真正的成功，是今天的自己比昨天更進步了；明天的自己，又比今天的自己更突破了，這才是真正的成功。」

希望他能明白我想傳達的意思。

之前有位父親來上我的課程，剛好談到正向聚焦。他分享，他讀小學的孩子，成績一直不太好，每次考完試之後，總是很沮喪、無力。以下是他與孩子的對話：

孩子：「爸！我總是考不好，你會不會因此討厭我？」

父親：「不會呀！我知道你已經盡力了！」

孩子：「可是，為什麼我總是成績不理想呢？」

父親：「你會這麼說，顯然是很看重課業表現！」

孩子：「對呀！但是怎麼努力都沒用，每次都當班上的『啦啦隊』！」

父親：「孩子，告訴我，當你考差了，你有把錯誤的題目改正，把不會的觀念弄懂嗎？」

孩子：「有！」

父親：「很好，你從原本的不會，變成學會了。你看到自己的進步嗎？」

（孩子點點頭）

父親：「那麼，你在學校裡，有感覺自己學到愈來愈多的知識嗎？」

孩子：「嗯！比起一年級，我現在懂更多了！」

父親：「很好，你學會更多了！那麼，你有發現自己比以前花更多心力在學習上嗎？」

孩子：「有呀！我每天讀書和寫作業的時間，都比以前還要久了。」

父親：「我看到你的不斷堅持，一次又一次的進步，也學會愈來愈多的知識，你讓我感到很驕傲。」

我很欣賞這位父親對孩子的回應方式。面對學習挫敗的孩子，他不是講道理、給建議，而是一次又一次的透過提問，引導孩子去看見，自己現在比過去做得更好、更進步的地方。

這樣，往往能幫助孩子免於陷入「習得性無助」的狀態，也就是從過去多次累積的挫敗經驗中，學到再怎麼努力都沒用，導致最後放棄努力。反之，孩子會擁有繼續堅持下去的內在力量，相信只要沒有放棄，永遠有著無限可能。

談到這裡，你大概清楚，自我比較的正向聚焦，最能帶給孩子力量。確實如此，而且也能避免很多副作用。

向外比較的正向聚焦

然而，有時候，我們免不了需要與他人比較。只要能掌握時機、用對地方，同時注意幾個原則，向外比較也能發揮正向聚焦帶來力量的功能。

向外比較，就是拿自己的表現，與別人的表現相比。因為要達到正向聚焦的功能，所以會挑表現得比別人好的地方來比較，例如：

「我觀察到，在你的朋友中，你什麼都吃，最不挑食！」

「我發現，你懂得比其他同學多呢！你一定閱讀很多書吧？」

「我能感覺到，你比其他人都還要心思細膩，對人也特別體貼。」

「在所有員工中，你工作的完成度最高，工作品質也最好！」

「比起其他孩子，你有很高的自制力，不會手機滑不停。」

「你願意為同學挺身而出，好勇敢哦！要是我，一定做不到！」

比起自我比較，向外比較的正向聚焦，會為人帶來更高度的愉悅感受，因為，每個人都期待自己是最好的、最棒的。然而，向外比較的正向聚焦要做得到位，必須注意以下幾個原則。

1. 偶一為之，不可成為常態：

過度頻繁的讓人感受到自己比別人強，會讓人過於看重如何贏過別人，而不是自己的進步與成長。特別對孩子來說，很容易把「贏過別人」與「成功」劃上等號，如果沒有贏過別人，就等於失敗了。

此外，因為無法接受自己的失敗，所以只要沒把握贏過別人的挑戰，就傾向逃避而不敢嘗試。或者為了贏過別人，不惜作弊或投機，不擇手段。

2. 比較的對象避免單一、特定：

例如手足間的比較，最需要避免。因為比較的對象很單一，容易造成手足之間的爭寵與對立。而「比起班上的張美美，你做得好太多了！」這種有特定對象的比較，也務必要避免。因為，這樣很容易在不經意間，為孩子樹立敵人，破壞孩子之間單純的友誼關係。

因此，比較的對象盡量愈模糊愈好，像是「比起大多數的人」、「比起與你同年齡的孩子」、「比起都在學書法的孩子」、「比起大多數在這領域的人」等。這樣的正向聚焦，比較不會貶損到其他人的價值。

3. 避免在不易改變的特質上做比較：

像是身高、體重、身材、相貌、智商、天分等，偏向生理特質或天生決定的能力傾向，應該盡量避免拿來與他人比較。因為既然是不可改變的，就算向外比較而贏過別人，又有什麼意義？

4. 最高明的向外比較，是拿「我」做比較：

這裡的「我」，指的就是表達正向聚焦的人。前面我曾提到一個例子，有位母親為孩子害怕參與人群活動而憂心。孩子說他嘗試在課堂上舉手回答問題，無奈老師沒點到他。如果透過向外比較進行正向聚焦，母親可以這麼回應：「孩子，我聽到你這麼說，覺得你好勇敢哦！想到我在你這年紀時，才不敢在上課時，主動舉手回答老師的問題呢！」

說到這裡，我想起有一次，我太太回到家，語重心長的說：「我覺得，我好幸運哦！」

我好奇的問：「為什麼？」

原來，剛剛她與好姊妹們聚會聊天，聊到各自的家庭狀況，她說：「因為每次聽她們不斷在罵老公時，我都深深覺得，我老公身上，根本沒有任何可以挑剔的地方了嘛！」

我不知道太太是真心的，還是想逗我開心。總之，聽了這些話之後，我知道自己會更努力當一個好老公。因為，比起其他人的老公，我是無可挑剔的哦！至少，我不要成為太太出門與姊妹聚會時，茶餘飯後嫌棄抱怨的話題呀！

你說，誰才是真正懂得運用正向聚焦的人呢？

標準比較的正向聚焦

有時候，我們也需要用一個既定標準，做為正向聚焦的比較佐證。

如果你是老闆，你會對員工說：「你的銷售業績占全公司的五〇％以上，表現真好！」

如果你是老師，你會對學生說：「這次考試，你只差一分就滿分了，很值得肯定哦！」

如果你是家長，你會對孩子說：「我觀察到，這個暑假你都有做到，每天閱讀三十分鐘，真的很不簡單！」

透過既定目標，人們可以精準知道自己的表現程度如何，是否達到期許。在這個世界上，人們發明許多預設標準，做為考核一個人通過或不通過某項考驗的門檻，或是評估一個人是否具備某項技能。

像是六十分及格，一百分滿分，這是多數考試量化一個人精熟程度的預設標準。而在大學學測中，設有頂、前、均、後、底等「標」，做為大學選才時，篩選通過與否的參照標準。

在給予孩子正向聚焦時，我們也可以刻意創造一個標準，讓孩子透過比較來見證自己有做到或做得到的地方。這個標準最好能與孩子的能力水準相符合，並且以正向的方式表達出來。

想像一下，有個孩子數學只考了二十分，覺得很失望，媽媽看了看孩子的考卷，溫柔的對他說：「孩子，我發現你答對了五題，也就是學會五題的觀念了！」

下次，孩子的數學考了三十分，仍然感到很沮喪；媽媽看了看孩子的考卷，然後拍拍他的肩膀說：「孩子，這次你學會了七題，你是怎麼做到的呢？」

接著，孩子考了五十分，媽媽看著孩子的考卷，露出驚喜的表情說：「哇！差十分就及格囉！而且，你已經掌握考卷中一半的題目了呢！」

可以想見，這孩子將會持續進步。因為，他的母親在每次回應時，都幫孩子找到一個預設標準，讓他感覺自己做得其實不差；也因此，即使仍為自己考不好而感到沮喪，卻能擁有小小的成就感，願意繼續嘗試下去。

若能配合自我比較的正向聚焦，幫孩子展示出他一次又一次付出的成果，帶他看到自己進步的軌跡。那麼，他將會逐漸發展出成長心態——相信自己可以透過努力，成功克服學習挑戰。

三項佐證的應用

現在，你已經學會透過三項佐證進行正向聚焦了！讓我們來對照一下，同樣是透過比較，但比較的佐證來源不同，帶給人的感覺有什麼不同？

我時常與許多焦慮或無力的父母談話，他們在我面前，時常透露自己的挫敗與自責，也常懷疑自己怎麼會把孩子教成這樣，真的是教育失敗。

可想而知，他們已經盡力了。通常，我會先同理他們的感受，接著透過正向聚焦，給他們多一些繼續撐下去的力量。因為接下來，孩子還得仰賴他們繼續努力。下面是我透過三項佐證，對這些父母進行的正向聚焦。

1. 自我比較的正向聚焦：

「在孩子出狀況的這段期間，你們為孩子付出很多，真的很辛苦！雖然孩子的問題仍然困擾著你們，但是**比起過去**，你們更懂得與孩子溝通，更懂得花時間陪伴，更願意傾聽孩子的心聲，夫妻之間更知道彼此支持，同時也更能做到適時的放過自己。你們有觀察到，自己這些不簡單的改變嗎？

這些點點滴滴的改變，終究會對孩子帶來正向影響。」

2. **向外比較的正向聚焦**：

「我遇到很多家長，孩子都有類似的問題，他們都很頭痛。但是，**比起其他家長**，我觀察到你們更積極、更堅持，也更願意付出，這對孩子肯定是有支持作用的。也因為這樣，孩子的問題不至於嚴重惡化。真慶幸孩子有你們這樣的父母呀！」

3. **標準比較的正向聚焦**：

「我能感受到你們的無助與自責，會有這些感覺，都是希望自己可以幫上孩子的忙。我看到你們不斷為孩子奔波、求助專業，也不斷學習改變自己，改變與孩子互動的方式，甚至是改善夫妻關係；即使挫敗累累，仍然沒有放棄。我認為家長**能做到這樣的程度**，已經是夠好的父母了！」

上述三段回應，正向聚焦提到的內容差異不大，但用不同的比較方式呈現出來，就會帶來不同的感覺。對你而言，哪一種帶給你最多的支持與肯定呢？

讀到這裡，還記得我在上一篇最後，請你思考的案例嗎？剛剛我示範透過三項佐證的正向聚焦，重新改寫無力又自責的父母，對自己「失敗父母」的身分認定。那麼，你是否能辨認出這三段回應，同時正向聚焦在哪些不同層次上呢？

比起過去，你已經更能掌握正向聚焦的精髓了，我相信你一定做得到，同時也更能運用自如！

point

重點回顧

透過比較來引發孩子的競爭意識，不只落後者會受到傷害，領先者也不一定好過。那些從小透過比較來證明自己能力的人，可能也被比較本身困擾著。

自我比較的正向聚焦，就是把正向聚焦的聚光燈，打在孩子的進步上，為孩子展示出一個成長脈絡，讓孩子看到自己的進步，因而更有力量繼續走下去。

向外比較的正向聚焦，需注意的幾個原則為：偶一為之；避免單一、特定對象；避免拿不易改變之處做比較；拿「我」做為比較對象最高明。

標準比較的正向聚焦，可以刻意創造一個標準，讓孩子透過比較來見證自己有做到或做得到的地方。這個標準最好能與孩子的能力水準相符合，並且以正向的方式表達出來。

5 正向聚焦表達深層理解：重新框架

如果你看過二〇一九年公共電視台播出的電視劇《我們與惡的距離》，至今一定還印象深刻。

這齣戲劇深受觀眾捧場，當時的網路討論聲量極高。後來一舉拿下金鐘獎六大獎項，成了當年的大贏家。

劇情張力最大的，應當就屬第十集中，宋喬平與應思聰在醫院對峙那一段情節。看到宋喬平成功從應思聰手中取走鋒利的碎玻璃，順利化解危機，許多人都是跪著看完這段的。

她是怎麼做到的呢？

從願意表達理解著手

精神疾病急性發作的應思聰，在外人看來就像一隻脫韁野獸，脫離現實又有自我傷害或傷害他人的危險，若由一群壯漢衝進來蜂湧圍上，看來是制服他最有效率的方式；當然，由宋喬平展現柔道三段的實力亦可。

但宋喬平卻選擇耐心的與應思聰周旋。支撐這個選擇的，是一份信念。亦即她相信，眼前那看似失去理智的急性病患，可以不用做出自傷、傷人的行為，前提是，他若能感受到被深刻的接納與理解。

這份信念，讓宋喬平甘冒極大的風險，勇敢又亦步亦趨的接近應思聰。可是，光有信念支持是不夠的；因此，宋喬平所展現的，肯定是助人工作者平日扎扎實實訓練的結果。而助人者最基本的溝通技巧，就會在此時此刻派上用場。

宋喬平是怎麼開始和應思聰對話的呢？

她沒有說：「你生病了，那不是真的！」「那些都是你想像出來的！」

「放下手中的玻璃碎片，你不可以這樣做！」「你一定是沒吃藥，怎麼不吃呢？」

沒有，她沒有這麼說，而是試著進入應思聰的內在世界。她好奇探問應思聰幻覺與妄想中的細節，試著去理解與讀懂應思聰，知道他此刻所經歷的主觀經驗與情感。這動作本身就釋放出一種訊息：「我完全相信你此刻所經歷的一切，都是真真實實的。」

我相信，即使應思聰處於急性發病的混亂狀態，他的內心仍有一部分，能接收到來自宋喬平的訊息——一份願意充分理解的意圖，以及絕對真誠的態度。

當一個人的主觀經驗被肯定了，心情被讀懂了，就無須隱藏，也無須武裝。他的內心世界被打開了，最脆弱的一面也表露無遺；此刻，也是願意接受另一個人協助的時機。

重新框架：為苦難帶來新的意義

當時，宋喬平對應思聰說了一句話，成了這齣戲裡的最大亮點，而這句話也是「正向聚焦」的應用。

應思聰長期受精神疾病糾纏，他問：「為什麼是我？」宋喬平回應說：「可能因為，你比較勇敢吧！」這句台詞不在劇本中，而是演員林予晞當下脫口而出，也許是出於直覺，卻意外鼓舞了許多人，成為經典。

這句話之所以能帶給人力量，是因為它從另一個角度，重新詮釋了應思聰的處境，賦予應思聰苦難人生一個合理又正向的意義。如果你遭受類似的苦，也可能會因此被鼓舞到，因為劇情引發你的共鳴，讓你將自己的際遇投射到劇中。

這技巧稱為「重新框架（reframming）」——從另一個觀點去詮釋相同的處境，賦予新的意義，從而幫助人脫困。這是正向聚焦的應用。讓我們一起來想一想，「可能因為，你比較勇敢吧！」這句話，正向聚焦在對方的什麼地方呢？

以二大脈絡而言，是正向聚焦在「過程」中，也就是應思聰因應精神疾病這個困境，在過程所展現出來的能耐。

以五種層次而言，是正向聚焦在「個人強項」，「勇敢」是應思聰在面對困境時，所展現出來的能力或特質。

以三項佐證而言，是「向外比較」的正向聚焦，宋喬平口中說的勇敢，是和大多數的人比較而來。

一般而言，好的重新框架，至少能夠帶來五個效果：

1. 讓對方感覺到被理解。
2. 讓對方感覺到自己的努力或付出被肯定。
3. 讓對方對自我或自己的處境有新的洞察。
4. 讓對方感受到內在力量。
5. 讓對方認知到有更多的選擇。

這些，不就是正向聚焦希望帶給人們的幫助嗎？

不過，也不是每個人都喜歡這句話，某些人對此頗為反感。他們不喜歡被人說勇敢，也許是因為太勇敢了，所以很苦；或許是認為自己不配被稱為勇敢。總之，同樣是重新框架，可能帶給人力量，也可能帶來反效果。

打個比方，如果你總是身負重任，累得氣喘吁吁，親朋好友會怎麼安慰你呢？很可能是聽到「能者多勞」這句話，這時你的感覺如何？

有些人會感覺被安慰，因為，這句話讓你從一個老是被丟工作的倒楣鬼，重新找到一個新的身分認定——我是「能者」，做愈多表示能力愈強，於是比較能接受現況。相對的，也有人會嗤之以鼻：「有能力的人，就非得做得多、做到死嗎？」

相同一句話，帶給人的感受卻是如此不同。所以，同樣是運用重新框架的技巧，得視情境、視脈絡、視當事人的認知而定，這相當程度仰賴我們的觀察、判斷與人際敏銳度。

強迫推銷式的正面思考，不會讓人感覺比較好

當然，我一定得提醒，重新框架通常不會在對話一開始就用上，而是關係進展到有一定的信任度時，才適合出馬。

應思聰在宋喬平的關心下，對她已有一定程度的信任，於是顯露出自己的脆弱面，接著拋出一個無解的問題：「為什麼是我？」

其實這個問題，根本沒有人能夠回答得了。就算有科學上的回答，當事人大概也不想聽。但宋喬平卻利用這機會，順勢給了應思聰一個答案：「可能因為，你比較勇敢吧！」

這與其說是回答應思聰的問題，不如說是引導他，從另一種角度看待自己的處境。在信任關係穩固的狀態下，這樣的正向引導才會被接受。

可是，當你不夠了解對方的處境，或者與對方沒有足夠的信任關係時，充滿善意的重新框架，卻會令對方感到厭惡。想像一個情境：青少年孩子回到家，面色沉重，恐怕遇上了什麼困難，於是父母上前關心。

孩子：「吼唷！幹嘛沒事選我當班長？」
父母：「當班長很好呀！這表示你很有能力，深受同學肯定呀！」
孩子：「才不是你想的那樣咧！」
父母：「那不然是怎樣？」
孩子：「是沒人要當，所以把我推出去做這個苦差事！」
父母：「那麼，同學會推你，不推別人，表示你比其他人夠資格，也算是肯定你呀！」
孩子：「哪是？他們是等著看我笑話啦！」
父母：「不會吧！你不要把大家想得那麼壞心。說不定，是你認真負責、人緣好，而且能夠為同學服務，是一件很光榮的事情耶！」
（孩子開始沉默不語）
父母：「嘿！振作點、堅強點！我們都支持你，加油！」
孩子：「哦！知道了……。」
（孩子低著頭，默默的走回房間）

在前面的對話中，父母針對孩子面對的困境給予回應，幾乎每一句話都是正向聚焦，有聚焦在個人強項，也有向外比較的正向聚焦。然而，孩子是感覺到更有力量，還是更無力呢？

父母試圖為孩子的困境（被選為班長這份苦差事），賦予各種正向的意義，包括引導孩子看見自己有能力、受肯定、比別人更有資格，以及發現這份困境的價值，也就是為同學服務的機會……這些都算是「重新框架」的技巧。

然而，因為父母對孩子的處境不夠了解，沒有先接納他的情緒感受，此刻給出的正向聚焦，便流於空洞的信心喊話。

所以，正向聚焦並不是信心喊話，更不是一味的要人正向思考。已經有許多研究證實，過度要人正向思考，只會讓受苦中的人感到更挫折、更無力。

因為，當我們不斷引導一個人朝光明面去思考時，也正在剝奪他負面思考的權利；甚至，當對方發現自己根本做不到正面思考時，只會更自責、更厭惡自己而已。

於是，你的善意，在別人眼中都變成了壓力。

別忘了先關注負面情緒

那麼，我們到底應該怎麼運用正向聚焦，才能為一個受苦中的人帶來力量呢？

讓我們以同樣的情境為例，試試看以下的回應方式。

孩子：「吼唷！幹嘛沒事選我當班長？」

父母：「被選為班長，本應該是很光榮的事，你卻感覺不是很開心（同理情緒感受），肯定有什麼原因（聚焦在期待），可以告訴我嗎？」

孩子：「那是因為沒有人要當，所以我就被推出去了！」

父母：「所以，你是被逼的，難怪不開心（同理情緒感受）！」
孩子：「對呀！而且，他們大概是想看我笑話吧！」
父母：「怎麼說呢？」
孩子：「班導師很機車，只要是班級幹部，都常被他電，尤其是班長，根本沒人要當呀！所以，誰當誰倒楣。沒想到我這麼倒楣！」
父母：「原來如此呀！那麼，你怎麼辦呢？」
孩子：「都被選到了，就只能當了，不然能怎麼辦？」
父母：「可是，你百般不願意呀！你有表達拒絕嗎？」
孩子：「沒有，被選到就被選到，只好認了！」
父母：「我很好奇，是什麼原因，讓你沒有拒絕這份苦差事呢（聚焦在行為表現）？」
孩子：「因為拒絕也沒有用，甚至還可能會被說閒話！」
父母：「哦！原來，你是希望不要被批評，所以才沒有表達拒絕（聚焦在期待）。」

孩子：「對啊！」

父母：「嗯，這樣看來，你相當重視自己在別人眼中的形象哦（聚焦在價值觀）！」

孩子：「當然，被選到已經夠倒楣了，我可不想還被討厭！」

父母：「也難怪，你會接下這份苦差事，算是幫大家一個大忙了吧（聚焦在期待，重新框架這份苦差事的正向意義）！」

父母：「而換個角度想，你的人緣還不錯，因為你總是這麼體貼，願意承擔別人不願意做的事情（聚焦在個人強項）。」

父母：「如果是我，大概打死都不願意接下這個職務吧（向外比較）！」

孩子：「真的嗎？」

父母：「嗯！真的。而且，我很好奇，是什麼讓你這麼願意體貼同學，為同學解圍呢（聚焦在過程）？」

孩子：「因為，人與人相處本來就是互相的呀！之前有人被罵，現在換我頂著，還好啦！」

父母：「哦！原來，你相信人與人之間就是要互相幫忙，才能一起度過難關呀（聚焦在信念）！」

孩子：「是呀！而且很多同學後來都有來安慰我，給我支持打氣！所以，也沒那麼糟啦！」

父母：「我看到，你為了幫同學們解圍（正向意圖），擔下沒人想做的重任（行為表現），不但體貼，而且很有義氣（個人強項），同學也看到你的用心。我不知道你是否有發現，你一直都是個熱心服務的人（身分認定）。」

如果是這樣的對話回應，孩子的感受可能會很不同。

從這段對話中可以發現，一開始，父母是從孩子的負面感受切入，同理他的情緒，同時關心發生了什麼事。所以，即使是正向聚焦，仍然需要關注負面情緒。別因為無力、自責、焦慮、挫敗、失望、沮喪等情緒是「負面」的，就故意忽略或不去碰觸。

而關注負面情緒最簡單的方式，就是「表達理解」，像是說：「我知道你很難過！」「發生這件事，你也很不願意，所以你氣憤不已！」「聽到你這麼說，我可以感覺到你對自己有多麼失望！」

把對方的情緒狀態，用情緒詞彙描述出來，通常就能讓對方感受到理解了。同時，我們也可以透過好奇的探問，邀請對方多說一點發生了什麼事。當我們對於對方的處境理解得更多，就更能給出精準到位的正向回應。

回到剛才的對話脈絡中，父母接著從這個事件的「例外」著手，也就是聚焦於「仍然接了，沒有拒絕」這行為本身，開啟了後續一系列的對話。

拆解來看，這一來一往，大部分都聚焦在孩子因應問題的「過程」；在三項佐證上，使用了「向外比較」的正向聚焦；在五種層次中，則是在「行為表現」、「個人強項」、「期待」與「信念／價值觀」間來回穿梭，最後收斂在「身分認定」上。

因為前面的事實描述鋪陳足夠，最後正向聚焦在身分認定上，才容易被接受。孩子也會因為這個身分認定，長出繼續面對問題的力量。

其中有個重要的轉折點，就是「也難怪，你會接下這份苦差事，算是幫大家一個大忙了吧！」這句話透過重新框架的技術，為苦差事賦予新的意義（幫大家一個大忙），讓話題從原來「被迫承擔的苦差事」，轉到「能幫大家解圍的了不起任務」。

然而，重新框架要能發揮作用，前面的同理、關注負面情緒、好奇探問等，必須先做足。如此，重新框架的技巧，就能讓人感受到深度理解，並且充滿力量。

point

重點回顧

當一個人的主觀經驗被肯定了，心情被讀懂了，就無須隱藏，也無須武裝。他的內心世界被打開了，最脆弱的一面也表露無遺；此刻，也是願意接受另一個人協助的時機。

「重新框架」是一種正向聚焦的表達形式，是從另一個觀點去詮釋相同的處境，賦予新的意義，從而幫助人脫困。

重新框架的內容，常帶給人不同的感受，有人接受，有人反感。所以，重新框架得視情境、視脈絡、視當事人的認知而定，這相當程度仰賴我們的觀察、判斷與人際敏銳度。

正向聚焦並不是信心喊話，更不是一味的要人正向思考。已經有許多研究證實，過度要人正向思考，只會讓受苦中的人感到更挫折、更無力。

在足夠的關係聯結下，重新框架會發揮最大的效果；因此，在給予正向聚焦前，還是得先關注對方的負面情緒。

Extension

Part 3

延伸

1 加上情感聯結的正向聚焦

回想起小時候與家人的互動，令你印象最深刻的片刻是什麼？

許多人會說，是那些與家人一同歡笑的美好時光。像是一起去旅行、一起看電影、一起吃冰淇淋，甚至只是宅在家裡聊天、講笑話。

在這些愉快的時光中，你還記得父母曾經對你說過的哪一句話，令你特別喜悅，並且牢記到現在呢？

「我很喜歡你現在的樣子！」「我真是以你為榮！」「能生到你這樣的孩子，我真的很幸運！」「你是我的驕傲！」「有你在，真好！」在許多人的回憶中，大概是類似這樣的話吧！

這些話都是肯定的話語，而且加進了情感聯結，特別讓人難忘！

小學四年級時，我的腳摔傷了，不方便穿鞋子到學校去。母親幫我打電話向老師說明狀況。只聽到我母親笑聲不斷，一直說：「沒有啦！」「謝謝！」「老師，您過獎了！」「我不懂教小孩啦！」

掛上電話後，母親滿臉笑容，對著我說：「孩子，你真是我的驕傲呀！」我很狐疑。她接著說：「老師劈頭就一直稱讚你，還誇獎我很會教小孩，說得我都害羞起來了！」母親臉上洋溢著得意的笑容，而我知道，我的努力沒有給母親丟臉，所以也感到相當光采。

在我表現好的時候，母親常常會這樣告訴我：「你的表現，讓我感到很欣慰！」我覺得自己沒讓她失望，也繼續拿出亮眼的成績獻給母親。

後來我知道，母親從小家境貧困，沒讀太多書，一直有些遺憾，因此特別把期待寄託在孩子身上，當孩子有成就時，她便感到欣慰。我想，有許多父母都是這樣。

雖然，母親罵起人來也是不留情面，但若表現得好，受到她誇獎，總會聽到她在肯定的言語中，加進了「情感聯結」的成分。

在自己在乎的人眼中留下好印象

在前面兩章，我們講過了正向聚焦的基本形式：**「事實描述」**加上**「正面評價」**。也學到要讓正向聚焦更加豐富、多變，可以聚焦在**兩大脈絡**——**結果或過程**、**五種層次**——**行為表現**、**個人強項**、**期待（正向意圖）**、**信念／價值觀**、**身分認定**，以及**三項佐證**——**自我比較**、**向外比較**、**標準比較**。

現在，我們要強化正向聚焦的功效，於是再加進一項元素——情感聯結，表達語句如下：

事實描述＋正面評價＋情感聯結

「情感聯結」是什麼呢？就是把你因為對方的表現，而感覺到歡喜、開心、滿意、驕傲、欣慰等感覺，放在正向聚焦中，一起表達出來讓對方知道。例如這樣說：

「我發現到，你今天主動來幫忙做家事，愈來愈懂事囉！**我很喜歡你這麼做！**」

「看到你願意放下手機，主動去讀書時，**我是相當感動的！**」

「我觀察到，你的成績一次比一次進步，你一定很努力吧！**我真是以你為榮！**」

「你會這樣罵同學，是因為看不慣他們平時欺負弱小，這是正義感的展現，**我其實是很佩服你的。**」

人與人之間只要有著關係聯結，就會期待自己能夠在對方心中有美好的形象；特別是互動密切的重要關係，例如親子、師生、手足、伴侶或好朋友，就會更在意對方是否對自己的表現感到滿意。

因此，加入情感聯結的正向聚焦，不僅能讓肯定的效果升級，還會加深彼此的關係聯結程度，因為，人們會感覺到被接納、被喜愛，而更有歸屬感。

在一定的關係基礎上發揮作用

然而，加入情感聯結的正向聚焦，一定是在彼此有一定品質的互動關係時，才會發生效果；若是陌生人或路人甲突然對你說：「我很喜歡你剛剛的表現！」你可能會感到很納悶吧！

如果彼此互動不良或交惡已久，例如冷戰多年、開口就是謾罵的夫妻，突然說出情感聯結的話語：「我很喜歡你這麼做。」「我對你感到很驕傲。」則很容易被解讀成諷刺或牢騷。

又或者一個青少年孩子，平時討厭學校的某位老師，有一天，這位老師竟然開口稱讚孩子的表現，接著加上一句：「我對你感到很滿意哦！」這孩子聽了，肯定會在心裡嘀咕著：「你誰呀？滿不滿意關我屁事！」

那麼，就弄巧成拙了！

從最糟的情形探究起

那一天，鳳琳來參加我的父母成長工作坊。休息時，她向我詢問一個困擾許久、關於孩子的問題。

鳳琳是三個孩子的母親，老大目前就讀小三；老二和老三分別是小一及幼兒園階段。鳳琳最近一直被老大抱怨偏心，雖然她已經盡力做到公平，但老大還是不斷抱怨，總是不肯幫忙家務，也不願意與弟妹分享，甚至會搶弟妹的玩具或點心，行為顯得有些脫序與霸道。

「我怎麼跟他說，都沒有用！他只是一直抱怨我偏心。」
「妳真的有比較偏心嗎？」
「沒有呀！手心、手背都是肉，我怎麼可能偏心呢？每一個孩子我都愛呀！」
「是呀！我們當父母的，心裡總是希望每一個孩子，都可以得到最充分的愛！」
「但是，我家老大就是體會不到，一直抱怨我！我該怎麼辦？」
「妳知道，父母再怎麼努力，也不可能完全公平；孩子總是會抱怨，這是很正常的事情。我很好奇，最令妳感到頭痛的地方是什麼呢？」
「是我大兒子對待弟弟妹妹的態度，實在讓我看不下去！」
「怎麼說呢？最糟的情形是怎樣？」我請她舉幾個例子，讓我更明白狀況。
「有時候，我會準備點心給他們吃。我交代老大別全吃完，要留給弟弟妹妹。以前，他都會至少留下一半，沒想到最近卻全吃光，一口都不剩。

我問他怎麼會這樣？他說：『誰叫妳偏心，我為什麼要留給弟弟妹妹？』真是快把我給氣死了！」

「還有一次，妹妹在學校參加比賽獲得優勝，帶回來一個獎品，他先向妹妹借來玩，後來卻不願意還給妹妹。我去跟他要，他就說：『壞掉了，我不知道！』他怎麼能這麼不顧慮弟弟妹妹的心情呢？」

「另外一次，假日我們全家一起大掃除。我分配給每個孩子工作，人人有分。老大負責拖地，但他隨便揮兩下就說做好了。我要他重做，用心一點，他卻說：『為什麼弟弟妹妹的工作都這麼輕鬆，我卻要做最粗重的！』我告訴他，最粗重的是爸爸媽媽在做，他便回我：『反正你們都偏心啦！我不要做啦！』」

「他也不想想，他是家中最大的孩子，什麼東西都是用全新的，弟弟妹妹都是撿他剩下的，他應該要珍惜才是。我實在不懂，為什麼他要這麼計較呢？」

上面這些狀況，是很多父母都會遇到的困境。

第一個孩子剛出生時，集三千寵愛於一身。等到手足相繼出生後，父母忙著照顧弟妹，讓老大出現相對剝奪的感受，認為自己不再被愛，是弟弟妹妹搶走了父母的關注。於是，老大開始與弟妹爭寵，或是把氣出在弟妹身上。但這樣做，很容易被大人指責「不夠成熟」。

我聽完後，先同理鳳琳的心情，然後告訴她：「我聽到的是，妳很希望大兒子能夠成熟點，不要這麼愛計較，是嗎（聚焦在期待）？」

「嗯……應該是吧！」

「那麼，我很好奇，有沒有什麼時候，是哥哥沒那麼跟弟弟妹妹計較，或者表現比較成熟的時候呢？抑或是，沒那麼讓妳傷腦筋的時候（運用「行為不會一成不變」原理）？」

「嗯……我想想，應該也是有啦！」

我靜靜的聽鳳琳繼續說：「我記得有一次，小一的妹妹功課不會寫，我和爸爸都很忙，便請哥哥去教妹妹。他一開始不太情願，後來發現，教得挺好的！」

「還有一次，我們全家出遊，剛好遇到下大雨，雨傘不夠撐。這時，他竟然說，他不怕淋雨，雨傘給弟弟妹妹先用吧！」

「哇！聽妳這麼說，這孩子還滿體貼的嘛（聚焦在個人強項）！」我回應道。

「是呀！有時候我覺得，他還滿體貼的，也很大方。但有時候，他就是很愛計較，特別愛抱怨我們偏心。」

「當妳看到大兒子也有體貼、大方的一面時，妳有什麼感覺或想法呢（繼續聚焦在個人強項）？」

「我會覺得，這孩子長大了，這是成熟的象徵，我不指望他要照顧好弟弟妹妹，但至少能當弟弟妹妹的榜樣。」

「原來，妳希望能將大兒子教成一個成熟的人（期待），因為妳認為，老大就是要當弟弟妹妹的楷模（信念）。」

停頓一下，我繼續問：「那麼，我很想知道，當大兒子還做了哪些事情時，妳會感覺他是成熟的（持續聚焦在有做到、做得到的時刻）？」

「哈！當我們不在家時，他倒是很有領導能力。他會指揮弟弟妹妹做事，還會督促他們寫作業、洗澡等，都不需要我們擔心。」

「哇！小三的孩子能做到這樣，很不容易（向外比較）。你們是怎麼教的，讓他能有如此成熟的表現呢（過程、行為表現）？」

「沒有啦！從小我們就是耳提面命，不斷叮嚀他要做好一個哥哥的榜樣，如此而已。」

「聽到這裡，我知道你們真的是很用心的家長（身分認定）；也難怪，孩子出現這些行為，你們會感到困擾。」

我與鳳琳的談話，其實是不斷核對鳳琳的困擾，以及希望看到孩子的改變，所以正向聚焦會放在鳳琳的期待上。原來，鳳琳希望孩子表現出成熟的樣貌，能做為弟弟妹妹的榜樣。

只是，如何引導鳳琳具體說出自己的期待呢？

在上述的對話中，我先問鳳琳「最糟的情況」是什麼，因為行為不會一成不變。有了最糟的情況後，孩子其他時候的表現，就顯得沒那麼糟了。

於是，鳳琳看待孩子的焦點，便從只看到孩子不成熟的一面，轉變成能看見孩子也有成熟的時候。

看待孩子的視野被拓展後，便能引導她說出孩子其實沒那麼計較、比較體貼、比較大方，甚至成熟的地方在哪裡。

加上情感聯結，讓孩子相信自己是被在乎的

那天，我們的課程剛好談到正向聚焦，我請鳳琳不妨試試看正向聚焦，去留意那些孩子有做到、做得到之處，立即予以肯定。

鳳琳問我：「使用正向聚焦的回應技巧，這樣真的可以解決孩子的問題嗎？」

我告訴她：「正向聚焦從來不是用來解決問題的技巧，而是與孩子一同發現與探索的旅程，目的是讓孩子感受到更多力量。我不知道，你的困

擾是否會因此被解決，但我知道，這孩子的內在有些委屈與不平衡，需要感受到父母更多的支持，才能把他原本很棒的部分給充分發揮出來！」

同時，我也提點鳳琳，除了將孩子表現良好的時刻具體說出來外，再加上一些「情感聯結」的話語，以強化正向聚焦的力道。鳳琳聽得仔細，說回去會試試看。

一週後，鳳琳回來上課，興奮的告訴我，她經歷了一段與孩子相處時，前所未有的感動時刻。

她回家之後，設法觀察大兒子是否有比較成熟、大方、體貼或沒那麼計較的時候，果然發現，滿多時候，大兒子對弟妹是友善的。

那個週末，最小的弟弟感冒發燒，大兒子自己寫完作業後，便頻頻去探望弟弟，倒水給弟弟喝，也不斷來問父母，弟弟有沒有好一點。

鳳琳抓住這次機會，對哥哥說：「我看到你在弟弟生病的時候，不斷來關心與問候弟弟的狀況，你一定很擔心他（行為表現）。看到哥哥對弟弟深厚的關愛（個人強項），這很令人感動呢！媽媽看到你這麼做，真的覺得很窩心（情感聯結）！」

爸爸在一旁補了一句：「我也很喜歡你這成熟的表現！」

第二天，他們觀察到，大兒子竟然自己到廚房削了水果，說要給弟弟吃。鳳琳當然沒有放過這個機會，繼續予以肯定。

「這些水果是你自己削的嗎？」

「是呀！」

「是要給弟弟吃的嗎？」

「嗯！弟弟生病了，需要補充能量。」

「看到你這麼做時（行為表現），我真為你感到驕傲（情感聯結）！」

「為什麼？」

「因為，你做了很了不起的事情呀（正面評價）！」

「真的嗎？」

「是呀！這顯示你非常疼愛弟弟（行為表現），也顯示出你這個哥哥已經具備照顧人的能力了（個人強項），可以算是成熟的人了哦（身分認定）！所以媽媽感到很驕傲、很感動（情感聯結）！」

孩子眼中泛淚，吞了一下口水，接著問：「媽媽，妳說的是真的嗎？」

「咦？」鳳琳有些不解。

「妳真的為我感到驕傲嗎？」孩子又問。

「是真的！你好像不相信？」

「不，可是你們不是沒有很喜歡我嗎？」孩子說著，眼淚也不斷滑落。

「是什麼讓你有這種感覺呢？」

「因為，你們都花好多時間陪弟弟妹妹，而不太關心我了！我以為，你們不喜歡我了。」

那晚，他們聊了很多。大兒子鼓起勇氣，把這陣子的委屈，一股腦兒的吐露出來，鳳琳則是耐心傾聽，同時也向他解釋，弟弟妹妹確實需要爸媽花更多心力去照顧，但並不表示就不在乎他。

「我看到你經常願意幫忙照顧、關心弟妹（行為表現），這顯示出你的成熟與善良（個人強項），我覺得你是一個有能力照顧別人的人（身分認定），和同年齡的孩子比起來，真是很不簡單了呢（向外比較）！媽媽和爸爸都為此很感動（情感聯結）！」

看見自己的價值，就不再抱怨父母了

我認真聽完鳳琳的敘述，也覺得感動萬分，我說：「看來，你們之間的情感，又更加增溫囉！我想知道，會有這麼好的結果，在這過程中，妳看到自己做了哪些有幫助的事情呢（過程、行為表現）？」

鳳琳回答：「當然是使用正向聚焦來回應孩子呀！但最重要的是，我轉換了眼光，開始從正面角度去觀察孩子的表現，發現孩子也有很多成熟的行為。而大人看待孩子的方式，真的會影響孩子如何看待自己。當我不斷否定或指責孩子愛計較、不懂事時，孩子也會覺得自己不夠好、不值得被愛，當然也會自我否定。」

鳳琳的困擾完全解決了嗎？我不知道。但我知道的是，這次的對話，開啟了親子之間互相理解的契機，也讓孩子獲得更多愛的保證。當哥哥知道自己是足夠被愛的時候，就無須再抱怨父母偏心，也不會做出傷害手足、捍衛自己兄長地位的行為了。

我之所以會請鳳琳在正向聚焦後，再加上情感聯結的話語，是因為大兒子的問題本身，就是與情感聯結不足有關。於是，正向聚焦同時也成了修補關係、強化聯結的媒介。

創造共同提升的時刻

小時候，若我有好表現而讓母親感到滿意，她常常會對著我這麼說：「啊！我怎麼會養出這麼優秀的孩子？在各方面的表現都讓我感到驕傲！」她甚至還會說：「看看以後你的孩子，有沒有辦法比我兒子還優秀！」

現在想起來，這是一種相當高明的肯定方法，在正向聚焦時一次肯定兩個人——孩子優秀、媽媽會教，自然是賓主盡歡囉！這裡頭有著濃濃的情感聯結。當然，這也得在雙方具備一定程度的關係品質時，才會奏效。

這種讓彼此感到共同提升的肯定方式，我也學了下來。結婚後，每當太太對我做出體貼的舉動，讓我感到溫暖與感動時，便會說：「我的眼光真好！」

太太問：「為什麼？」

我回答：「因為挑到好老婆了！」

太太心花怒放，問我：「哪裡好？」

我說：「不但溫柔，還體貼，總是關心我累不累，家裡的大小事都一手打點，不需要我操煩。妳說，我的眼光能不好嗎？」我沒忘記，肯定與讚美一定要基於具體事實。

太太說：「哈哈哈！那是因為你也對我很好呀！」

我點頭說：「所以，妳的眼光也很好呢！」

point

重點回顧

能強化正向聚焦效果的表達語句為「事實描述＋正面評價＋情感聯結」。

在表達正向聚焦時，可以把你因為對方的表現，而感覺到歡喜、開心、滿意、驕傲、欣慰等感覺，一起表達出來讓對方知道，這便加入了情感聯結。

!

與他人探索困境時，可以先探問「最糟的情況」是什麼，因為行為不會一成不變。有了最糟的情況後，其他時候的表現，就顯得沒那麼糟了。

正向聚焦從來不是用來解決問題的技巧，而是與他人一同發現與探索的旅程，目的是讓他人感受到更多力量。

正向聚焦時加進情感聯結，可以一次肯定兩個人，創造共同提升的時刻；當然，這也得在雙方具備一定程度的關係品質時，才會奏效。

2 用感謝表達正向聚焦

文銘是我之前遇過的一個孩子，他從高一開始就不受班上同學歡迎，到了高一下學期，甚至遭到刻意的孤立與排擠。班上任何分組活動，從來沒有人願意和文銘同組；如果是抽籤分組，和他同組的人都會覺得自己很倒楣。

在同學的眼中，文銘就是個自大狂妄的人，時常炫耀自己的家世背景，或者說些根本不存在的豐功偉業，但一下子就被同學戳破了。接著，他便惱羞成怒，開始用言語攻擊對方，透過批評或嫌棄他人，保護自己僅存的自我價值。

我想，他是很希望自己被看見、被重視、被喜愛，只是用錯方法了。

謝謝你願意信任我

很特別的是，文銘是主動來找我談話的。

第一次見面時，他說：「老師，我要請你幫一個忙，就是，可不可以請你把那些欺負我的同學，統統記過處分！」

我想知道發生什麼事，於是請他多說一點。

「他們很過分，故意要欺負我。像是班上有事常常不通知我，害我被罵；上體育課的時候，故意把球丟到我身上，再來說對不起。最近更過分了，他們常在我吃午餐時，在我背後偷偷說我壞話，還在那邊一直笑。」

「謝謝你願意信任我，告訴我這些你的困擾（聚焦在當下的行為表現）！」接著我問他，是哪些人？多久了？前因後果是什麼？

文銘交代不清楚，只是不斷說：「他們這些人，都應該被記大過才對。」

「老師，你把他們找來接受輔導啦！」

我回應他：「當你這麼說時，其實是很希望這些同學，也得到幫助，是嗎（聚焦在期待，重新框架正向意圖）？」

「嗯！也是啦！反正，老師你要處理啦！」

我答應他，我會去了解狀況，並約好下週見面再談。

謝謝你如此擔心他們

我找了導師及班上同學了解狀況後，才知道文銘會被同學欺負或排擠，是有原因的。那些捉弄他的同學，其實也沒什麼深仇大恨，只不過是把文銘當成笑柄或開心果，看到他愈生氣，就愈開心。其他同學則是能閃就閃，冷眼旁觀。

這樣的狀況確實需要介入處理，但文銘也很需要被幫忙。

第二次談話時，文銘一進來，直接大剌剌的坐下來。沒等我開口，他就先問：「老師，你到底有沒有找他們來輔導？」

我似乎可以感受到，其他同學說文銘「目中無人」到底是怎麼回事。我耐住性子回答：「我有去了解狀況。在班上，你好像真的不是很受歡迎！」

「是他們對我有意見，好不好！」

「你有觀察到什麼嗎？」

「沒有，反正他們對我很有意見，他們需要被輔導！」

「你覺得，他們很需要被幫忙，是嗎（再次重新框架他的期待）？」

「對啦！」

「你願意給他們機會得到幫助，很不簡單耶！顯然你很願意關心同學，是什麼讓你願意去關心對你不是很友善的同學呢（行為表現）？」

「他們如果再這樣幼稚下去，以後出社會一定會很慘！」他用相當老成的語氣說著這句話，然後聊起他認識的許多長輩，就是因為不懂人情世故，所以在社會上混不下去。

「原來，你是不希望他們未來付出代價，是嗎（期待）？」

「是呀！我這是為他們好！」

「謝謝你這麼為他們擔憂。感覺起來，你有著一顆善良、為人著想的心（個人強項）。」

「對呀！我可是一片好心……。」

「那麼，有人發現你這麼善良、關心同學嗎？」

這孩子想了很久，沒有回答。

謝謝你願意讓我知道

第三次見面，文銘仍然開頭就先問我，是否找了那些欺負他的同學來接受輔導？我告訴他已經在處理了。

接著，文銘開始說起他的家世背景：父母的工作及職位如何崇高、家庭生活多麼優渥、認識什麼厲害的人物。然後又說起最近父母幫他買最新款的手機，還提到只要滿十八歲，父母答應會買名車給他開。

我知道文銘是在向我炫耀，裡頭有很多不是事實的地方。直覺告訴我，如果青少年和同儕互動，開口閉口都是這些內容，肯定會被討厭。

我說：「謝謝你願意與我分享這些，這表示你信任我（行為表現）。同時，我很好奇，你說的這些，和希望我幫助你的事，有什麼關聯呢？」

「唉唷！老師，你很無趣耶！難道我們就不能聊一點輕鬆的嗎？」

「哦！謝謝你讓我知道，我們的談話似乎太嚴肅了，所以你是希望氣氛可以輕鬆一點，是嗎（聚焦在期待）？」

「對呀！可以嗎？」

「那麼，你平常和同學之間，都聊些什麼呢？」我試著把話題帶回他和同學的互動上。

「沒聊什麼呀！他們都很幼稚，而且很無聊，根本沒辦法聊。」

「怎麼說呢？」

「他們都在聊網紅，不然就是講打電動的事情，超無聊的，我現在都不玩那些了。我最近在網路上，正在經營一個新事業，我必須為自己的未來提早做準備……。」

文銘繼續說著他的偉大計畫，我耐心聽了一個段落後，告訴他：「謝謝你與我分享這些，你跟同學說過這些嗎？」

「沒有，說了他們也不會懂！」

「那麼，家人知道你正在做這些嗎？還有，家人知道你在學校裡，與同學相處得不是很好嗎？」

「他們知道呀！不過他們老說是我的問題，我就不想跟他們講了。」

「好像，你感覺不是很被了解。那麼，你願意讓老師與你的父母聯繫一下嗎？我想和他們談談這個問題，也讓他們知道你的委屈。」

文銘猶豫了一下，我再度提出邀請，他才點頭說好。

「文銘，老師要謝謝你！」

「為什麼？」他有點疑惑。

「因為你願意讓我與你的父母談談，表示你信任我呀（行為表現）！被人信任的感覺很好呢（情感聯結）！所以，謝謝你！」

那天，我撥了通電話到文銘家裡，是他母親接的。我說明來意，也簡單描述文銘在學校裡的狀況。

電話那頭傳來了一聲嘆息：「老師，謝謝你的關心！文銘這孩子，實在令我們很擔心。其實他不壞，但不知道為什麼，從小人緣就不好。他是家中老么，最大的哥哥已經就業了，姊姊正在讀大學。從小，哥哥姊姊的功課都好，年齡又跟文銘有點差距，所以常常會欺負他，說他笨、說他蠢，文銘不甘心也會反擊，反而被哥哥姊姊嘲笑。」

她接著說：「文銘各方面的表現，確實不如哥哥姊姊。現在，哥哥在外商公司任職，姊姊正在讀醫學院。我不知道是不是因為這樣，讓文銘一直感到很自卑，才會在學校裡，總是愛跟同學炫耀、誇大其詞，結果就不受歡迎了！」

「媽媽，謝謝妳讓我知道這麼多。我想，文銘的事情，一定讓妳傷透腦筋了。不過我聽到你這麼說，發現妳的觀察很敏銳（個人強項）。顯然，妳對孩子投入很多心思，相信妳也為文銘付出了很多吧（行為表現）！」

文銘的母親確實對他煞費苦心。文銘從小就跟同學處不好，有時候會暴怒、攻擊同學，不然就成了同學霸凌的對象。母親一天到晚往學校跑，疲於奔命。平時她不斷對文銘耳提面命，不要沒事就在同學面前吹噓自己，也不要貶損同學，惹得別人不開心。但文銘依然故我，她都不知道要怎麼教了。

我再度感謝文銘的母親，提供我許多寶貴的資訊，願意花時間與我討論文銘的事情，並且告訴她，我也會想辦法幫助文銘。

謝謝你的用心與積極

幫助文銘最困難的地方，在於他不認為自己也該為現況負起責任。也就是說，他認為都是別人的錯。也有另一種可能，是他知道自己經營人際關係的做法不當，但他不能承認，一旦承認就輸了，那多沒面子呀！

因為對文銘而言，面子是最重要的事。他在人際互動中對他人所說的話，都是想提高自己的身價，凸顯自己的價值非凡，藉此得到尊敬，沒想到卻造成反效果。

為什麼文銘會這麼重視面子呢？我想可能與他的家庭互動經驗有關，看到兄姊的優異表現，加上長期受到兄姊的嘲諷與欺負，讓他感到自我價值低落。

然而，這樣的慣性行為存在太久，要求改變，絕非簡單的事情。

那麼，如果直接告訴他，什麼樣的行為表現會受歡迎，可行嗎？他恐怕也會拒絕。因為如果接受了，就表示承認是自己的問題，面子拉不下來，所以也行不通。

我想起「行為不會一成不變」這原則。這孩子再怎麼自我膨脹，也不會時時刻刻都如此；這孩子再怎麼自我中心、目中無人，也會有善體人意的時刻。所以，我需要做的事，就是去觀察與發現這些「有做到、做得到」的時刻。

第四次談話，我與文銘才剛見面，他立刻問：「老師，你說要聯絡我父母，結果怎樣？」

「哇！你還記得這件事耶（行為表現）！顯然你很重視我們的談話，而且，你也很願意努力幫助自己解決問題（過程）。我要謝謝你的用心與積極！」

我說明與他母親電話聯繫的大致內容，然後說：「我觀察到，你的母親很關心你，也很心疼你呀！」

「是嗎？她都說是我不尊重別人，才會這樣的。」

「那你覺得呢？」

「我很尊重他們好不好！是他們先不尊重我的啦！」談到這裡，文銘提高聲調，似乎有些激動。

我停頓了一下，接著說：「文銘，那麼，你可不可以告訴我，你做了哪些事情，表現出你對同學的尊重呢？」

「有啦！很多啦！我忘記了啦！」

我笑著點點頭：「我也相信一定有，如果你有想到，請你與我分享，好嗎？」

之後，我與文銘的談話來到第五次。這一次，他提早前來，經過我的座位時，我剛好在忙。他看了我一眼，說：「老師，你先忙，我先進去，等你忙完了再進來就好！」

「好，謝謝你！」

開始會談後，又是文銘先開話題：「老師，你剛剛在做什麼呀？看起來很忙。」

「是呀！真的很忙，我在準備一些會議資料。」

「我以為當老師都很輕鬆耶！」文銘又開啟了貶損模式，他就是這樣惹人厭的。

不過我沉住氣，微笑著說：「謝謝你發現到，當老師其實一點都不輕鬆！還有，文銘，老師要謝謝你一件事。」

「什麼事？」

「就是，剛剛你來的時候，看到老師還在忙，你沒有打擾我，而是要我先忙，忙完再進來談（行為表現），這讓我感覺很被尊重（情感聯結），而且，顯示出你對人體貼的一面（個人強項）。所以，我要謝謝你呀！」

「唉唷！這又沒什麼。」文銘有些靦腆的笑著。

「平時，你也是對同學這麼展現體貼與尊重的嗎？」

「有呀！我當然有。」

接著，文銘說起他如何對同學好。當然，我對他說的內容，在內心裡是打上大大的問號，但沒有打斷，很願意把這些話聽完。因為他現在最需要的，就是得到尊重，並且讓人相信，他也是會尊重別人的人。這是他在平常生活中無法得到的經驗，而我可以透過正向聚焦，讓他真實體驗到，自己是被看重的。

在往後的會談中，每當我發現文銘有任何對人體貼與尊重的表現時，都會立刻予以肯定，並且告訴他：「謝謝你願意這麼做。」「我很喜歡你對我這麼做。」

我想讓文銘知道，表現出某些特定的行為，會讓人感受到尊重與善意，而在人際關係中受歡迎。同時，我也引導文銘思考，提示他把這些對人尊重、體貼、為人著想的行為，嘗試擴大到其他的人際關係中：

「如果你也對同學這麼做，不知道同學會有什麼反應？」
「如果你也對同學說出這句話，不知道同學會有什麼感受？」
「要是你試著用這種方式關心同學，不知道會怎樣呢？」

我不知道，這對文銘人際關係的改善，幫助有多少。但至少在接下來的會談中，文銘自我膨脹、自吹自擂或貶損他人的情況愈來愈少，體貼與尊重愈來愈多。更重要的是，我愈來愈少聽到文銘抱怨同學如何欺負他了。

當我與文銘的談話來到尾聲時，我對他說：「文銘，謝謝你當時把自己帶來了！」

文銘則回應我：「老師，謝謝你一直願意聽我說，相信我！」

讓人感到自己對他人有貢獻

在這個案例中，我刻意呈現出正向聚焦的部分，讓讀者清楚正向聚焦使用的脈絡與時機；事實上，每次談話的內容當然不只如此。

你閱讀時可能有發現到，我在與文銘的談話中，時常對他說出感謝的話語，像是：

「謝謝你願意告訴我！」
「謝謝你讓我知道這些事情！」
「謝謝你願意讓我幫助你！」
「謝謝你能信任我！」
「謝謝你為自己做了這麼棒的事情！」

把感謝用在正向聚焦中，會讓人感受到更強烈的認同與肯定。

表達感謝，表示受人幫助，也就是暗示對方是對我們有恩惠的人，把對方擺在一個比自己還要高的位置上，而對方也會因為心理地位的提升，有較高的自我價值感。因為他會覺得，自己對別人是有貢獻的。

俗話說：「助人為快樂之本。」這是千真萬確的，正向心理學的研究也告訴我們，去幫助別人，是讓你人生獲得快樂的重要來源。當我們幫助別人時，會感受到自己是有能力的，因而提升自信與成就感。

同樣的，對別人表達感恩，正是暗示對方：「你幫助到我了，你是有能力的！」因此讓對方感受到更多內在力量。而將表達感恩與正向聚焦的具體行為聯結在一起時，則會強化對方再度表現該行為的意願。

更進一步說，時常在生活中表達感恩，也會讓我們自己的幸福感大為提升。因為表達感恩，代表我們總能觀察到周遭善與美的一面，當生活充斥著善與美時，就是活在幸福的國度裡。

point

重點回顧

在正向聚焦中表達感謝，可以強化正向聚焦的效果，像是：「謝謝你願意告訴我！」「謝謝你讓我知道這些事情！」「謝謝你願意讓我幫助你！」「謝謝你能信任我！」「謝謝你為自己做了這麼棒的事情！」

表達感謝，表示受人幫助，也就是暗示對方是對我們有恩惠的人，把對方擺在一個比自己還要高的位置上，而對方也會因為心理地位的提升，有較高的自我價值感。

時常在生活中表達感恩，代表我們總能觀察到周遭善與美的一面，能大大提高生活滿意度。

3 提問式引導的正向聚焦

我在前面提過，正向聚焦並不是用來解決問題或達到任何特定目的的手段，我們應該把它視為陪伴孩子探索與發現自身優勢與亮點，並獲得更多內在力量的工具。所以，在任何情境下、任何對話中，我們以正向的觀點切入，若能因此幫助自己或他人解決困擾，往往只是正向聚焦後的附加產物。

很多時候，為了幫助孩子對自己的現況與行為有更多覺察與探索，我們會用提問的方式引導孩子思考，而不是直接給予答案。這是讓孩子自己發現問題、因應問題的過程。比起直接公布看似正確的做法，這樣對孩子的成長更有幫助。

而提問的過程中，我們同時也可以融入正向聚焦的精神，也就是用提問的方式來操作正向聚焦，同樣能幫助孩子拓展對自身的覺察、看見更多自己的強項，以及有效因應問題的策略，甚至迸發出更多面對問題的創意途徑。

提問式引導的正向聚焦，可以用在以下五個情境中：

1. 釐清目標：確認當事人真正想要的是什麼。
2. 師法過去：萃取過去的成功經驗，更相信自己有能力面對挑戰。
3. 複製卓越：讓當下的經驗，成為下次面對問題時的資源。
4. 自我肯定：發現自己做得好、有做到的地方。
5. 關係聯結：邀請重要他人來助陣。

釐清目標：「你希望有什麼不同？」

當一個人陷入痛苦之中，常常一心只想擺脫痛苦，卻忽略了去思考：「如果不再痛苦時，會是什麼樣的情況？」

我在助人過程中，聆聽完當事人的抱怨後，總會問：「你希望我可以幫你什麼？」得到的回答常常是：「我不要再繼續痛苦下去了！」

此刻，他的注意力仍在痛苦之中，因此「離苦」成了當下最迫切需要的事情。人們常說出下列這些期待：

「我不想要這麼胖！」

「我不想要每天工作這麼累！」

「我不想要被其他人當成白癡！」

「我不想要事情永遠做不完！」

「我不想要這麼缺乏勇氣！」

「我不希望被同學討厭！」

問題是，不要痛苦，那麼你想要什麼？也就是，事態往哪個方向發展，是你期待的，或者是你暫時可以接受的？

當我們只想擺脫現況，卻沒有明確的方向或目的地時，就很難採取適當的行動讓自己改變。所以，改變的目標必須以正向的方式描述，才會帶出具體可行的做法，甚至可以依此衡量，自己是否正持續朝著目標前進，縮短距離。

因此，提問式引導的正向聚焦，會問當事人以下幾個問題：

「你希望問題有什麼不同？」

「你希望自己能有什麼不同？」

「如果事情能不同，你希望有什麼改變？」

「你希望事情朝什麼方向發展，是你可以接受的？」
「你還希望，事情可以有什麼樣好的轉變？」
「如果你的困擾不再，你會發現自己有什麼不同？」

上述提問都有一個共同點，就是將思考焦點從痛苦本身，轉移到可改變的地方，因而提高改變的可行性。

舉例來說，孩子常在連假結束前，抱怨自己作業寫不完或不會寫。如果父母想幫助他，可以這麼問：「我聽到你說作文寫不出來，你希望事情能有什麼不同呢？」

孩子回答：「我希望可以寫得出來。」

父母接著問：「如果可以寫得出來，你會發現自己寫得怎麼樣呢？跟現在有什麼不同呢？」

讓孩子具體描述他期待中成功改變後的圖像，然後再去找方法，一步一步朝這個目標邁進。

記得，先畫靶，再射箭；能用正向方式把箭靶描繪出來，你會更清楚射箭的方向，才不會白費那些射出去的箭。

師法過去：「當時，你是怎麼幫助自己度過困境的？」

再讓我們複習一下，正向聚焦運作的原則之一是「行為不會一成不變」，也就是，當你為一件事情感到困擾時，也有沒那麼困擾的時候；當你為某事感到心煩時，也有沒那麼心煩的時候。

因此，在我們過去長遠的時光歲月中，埋藏著龐大的資源——那些成功因應困境的經驗，等著被我們挖掘使用。

當一個孩子，因為不受同儕歡迎而感到很沮喪時，我們可以問：「這些日子，你是怎麼幫助自己度過的呢？」

當一個孩子，因為準備上台說故事而感到焦慮萬分時，我們可以問：「你以前也有面對過類似的狀況嗎？當時你是怎麼做到的？」

當一個孩子，最近數學一直學不好，就快要心灰意冷時，我們可以問：「是什麼讓你繼續堅持，沒有放棄呢？」

當一個孩子，與同學冷戰而不知怎麼和好時，我們可以問：「過去發生過類似的事嗎？你當時怎麼面對？你做了什麼幫助自己解決問題？」

讓我們接續前面寫作業的例子。當孩子抱怨作文作業難以完成時，家長可以這麼引導：「之前的作文作業，你有完成過吧！當時，你是怎麼完成的呢？你做了什麼事、採取了哪些策略，幫助自己成功寫出作文呢？」

每當我缺乏寫作的靈感時，就會回想過去靈感源源不絕、寫得停不下來時，當時我的身心狀態如何？我做了什麼？我想到什麼？我的身體呈現什麼姿勢？這樣做，往往有助於我找到重回最佳狀態的途徑。有時候，我則是回想上一次靈感枯竭時，我是怎麼度過的，從而提醒自己：「我是有能力克服這個困境的。」

所以，從過去經驗萃取資源，獲得的可能是過去成功因應問題的方法，也可能就是一股力量，相信自己有能力面對挑戰。

複製卓越：「該如何把這次的經驗，運用在下次的挑戰中？」

我們既然可以師法過去的成功經驗，用來解決當前的問題，當然也可以把現在成功面對問題的經驗，做為讓未來更好的資源。因此，當我們發現孩子成功的解決問題、因應困境時，可以與他一同探究，這次寶貴的經驗，能如何幫助未來的自己？而孩子在回答這個問題的同時，也把當下的成功經驗有系統的重新想過一次，更深刻的烙印在腦海中。

例如孩子在一番努力下，終於把作文作業給完成了，家長除了肯定孩子的用心與堅持外，還可以這麼問：

「下一次面對困難的寫作時，你會如何運用這次的經驗呢？」
「你覺得，下一次還可以怎麼做，會做得更好呢？」
「如果有個朋友，跟你剛剛一樣寫不出來，你會給他什麼建議呢？」
「在你這次面對作文挑戰時，我看到你其實是很有創意的。你覺得還可以把這份創意，運用在生活的哪些地方呢？」

自我肯定：「你覺得自己做得很棒的地方是什麼？」

我們都希望孩子能擁有正向看待自我的眼光，也就是能夠自我肯定，這需要從生活的小處著手，反覆練習。而透過提問式引導，讓孩子自我正向聚焦，就是最好的途徑。

例如孩子終於完成作文作業了，先不論品質如何，終究是做完了。這時，我們可以這麼問孩子：「我看到你在一番努力之下，終於把作文寫完囉！你覺得在這個過程中，你做了什麼很棒的事呢？」或者問：「你覺得在這過程中，你最值得被肯定的地方，是什麼呢？」

幫助孩子將自己的美與善之處，具體的指認出來，愈具體愈好。如果孩子回答：「我覺得我很用心！」家長可以繼續追問：「你做了哪些事情，表示你是用心的呢？」如果孩子回答：「我覺得我很有創意！」家長可以繼續追問：「我想知道，你的創意展現在哪些地方呢？」

關係聯結：

「你最希望誰看到你的好表現？」

在我長期與青少年互動的經驗中，發現青少年孩子在面對困境時，除了在乎自己是否能成功因應挑戰外，也很在乎別人怎麼看待他，特別是那些與他有深厚關係聯結的人。

回到老話一句：「每個人的努力，都渴望被看見！」而且是被重要的人看見。因此，我們可以在正向聚焦時，把孩子在乎的人請出來，幫助他湧現更多的內在力量。

例如孩子完成了作文作業後，也許還不是很完善，但總算是做完了。這時，我們可以問：「當你終於把作文寫完時，你最希望被誰知道呢？」「你最希望誰看到，你其實是很堅持、很努力的？」「你最希望讓誰知道，你是很有創意的呢？」

若孩子的回答是學校老師，我們可以接著詢問：「為什麼是學校老師呢？」或者問：「如果老師看到了，你最希望聽到他對你說什麼？」

當然，孩子也可能說就是你，最希望你能看見他的好表現。那麼，就請你再次給孩子肯定：「謝謝你如此重視我！我確實看見你花了心力，堅持把作文完成，同時展現你的創意。你辦到了，我以你為榮！」

現在，我們學到提問式引導的正向聚焦，如何運用在五個不同時機點，引導孩子發展出發現自身正向資源的眼光。接下來，我要再透過一個對話案例，呈現提問式引導的正向聚焦，如何引導孩子因應困境，讓你更清楚其中要領。

這是一位母親與我分享，她曾如何運用正向聚焦，引導孩子克服夜裡做惡夢的過程，我覺得甚為有趣，相當值得探討。

對話案例：讓黑漆漆怪獸變小吧！

連續好幾個晚上，剛上小一的小琪，常常在半夜裡哭醒。母親聽到女兒的哭聲，連忙衝到她房間裡安撫。孩子說做了惡夢，邊哭邊發抖，請求母親不要離開，陪她睡到天亮。

因為這情形已經持續好幾天了，再這樣下去也不是辦法。除了留意孩子生活中的壓力源或重大事件外，母親決定與小琪好好討論這個問題。

在白天母女都閒暇的時刻，也就是兩人身心狀態都平穩的時候，母親邀小琪談談「做惡夢」這件事。

母親：「小琪，妳最近夜裡常常做惡夢呢！」

小琪：「對呀！媽咪，好可怕，我都不敢自己睡覺。」

母親：「小琪，我感覺得到，妳是真的很害怕呀！而且妳還很擔心，今天晚上會不會又做惡夢了。我很好奇，妳究竟做了什麼夢呢？」

母親先同理孩子的情緒感受，再進一步探問惡夢的內容。

小琪：「我夢到怪獸，很大很大的怪獸。全身黑漆漆的，只有兩個眼睛露出來，狠狠的瞪著我！」

母親：「那麼，怪獸想要做什麼呢？」

小琪：「牠想要吃掉我。我很害怕，一直跑、一直跑，牠就追上來了！」

小琪把夢境描述得很詳實，顯然就算回想起來，還是栩栩如生、歷歷在目，當然帶給她很大的心理衝擊。

母親：「小琪，那妳希望能有什麼不同呢（釐清目標）？」

小琪：「媽咪，我能不能不要再做這種夢了？」

母親：「嗯！我不知道能不能。讓我們來想一想，最近，妳是否有哪一天，或是在什麼情況下，沒有做這樣的惡夢呢（行為不會一成不變）？」

小琪：「只有媽咪陪在我身邊時，我才不會做惡夢。」

母親：「這樣呀！可是，媽咪不能一直陪著妳睡，小琪也要學會自己睡覺呀！」

在這裡，母親除了試圖理解孩子的恐懼之外，也設下了界線——媽媽不能一直陪妳睡。

小琪：「可是，我很害怕呀！」

母親：「嗯！我知道，妳真的很害怕。小琪，妳可以告訴我嗎？在最近做的這些惡夢裡，哪個部分是令妳最害怕的？」

小琪：「就是，每當黑漆漆怪獸要往我身上撲過來、離我很近很近的時候……。」

（小琪邊說邊用手擋在面前，整個人縮在沙發的角落，緊閉雙眼）

母親：「哇！真的是很恐怖的一幕呢！那麼，夢中發生什麼事時，妳會比較沒那麼害怕（聚焦在沒那麼嚴重時）？」

小琪：「我都很害怕呀！」

母親：「妳再仔細想想，當夢境走到哪裡時，小琪比較沒那麼害怕了（自我比較的正向聚焦）？」

小琪：「黑漆漆怪獸離我比較遠的時候。有時我會跑得很快，把黑漆漆怪獸甩在後頭，就覺得沒那麼害怕了。」

母親：「謝謝小琪告訴媽咪這些哦（情感聯結）！妳可以告訴我，當妳把黑漆漆怪獸遠遠甩掉時，牠看起來如何呢？」

小琪：「看起來小小的。」

母親：「所以，如果能讓黑漆漆怪獸看起來小小的，小琪是不是就比較不會害怕了（再次釐清目標、正向描繪）？」

小琪：「我不知道，可能是吧！」

母親：「那麼，要怎麼讓黑漆漆怪獸變得小小的呢？小琪有想到什麼好方法嗎？」

小琪：「我只能一直跑、一直跑，一定要跑很快才行。」

母親：「那麼，我們來想像一下，如果要把黑漆漆怪獸遠遠甩在後頭，變得很小很小，除了跑很快之外，還可以怎麼做，增加移動速度呢？」

（小琪思索了一下）

小琪：「我可以溜直排輪！」

母親：「哇！這是個好方法耶！妳是怎麼想到的？」

小琪：「因為我的直排輪溜得超快的呀！」

原來，小琪最近正在學習直排輪，而且愈來愈上手。

母親：「可是，妳要怎麼取得直排輪鞋呢？」

小琪：「今天晚上睡覺前，我可以把直排輪鞋放在床邊，隨時要穿就可以拿得到！」

母親：「太好了，妳想到了一個好主意。那麼，我們來練習一下，當黑漆漆怪獸來追妳時，妳穿上直排輪鞋，用超快速度甩掉牠，好嗎？來，閉上眼睛，想像黑漆漆怪獸正從妳後面追過來，準備要撲向妳了。這時，妳抓起床邊的直排輪鞋，趕緊套上，加速前進……。」

小琪：「媽咪，我把黑漆漆怪獸甩掉了！」

母親：「那麼，妳現在感覺如何呢？還會害怕嗎？」

小琪：「好像沒那麼害怕了！可是，還是有一點點，我擔心會來不及穿好直排輪鞋。」

母親：「沒關係，至少我們已經有一個方法了。我們繼續想想看，還可以怎麼做，讓黑漆漆怪獸看起來小小的？這樣小琪就不會這麼害怕了。」

（小琪低下頭思索良久，母親靜靜在一旁等待）

小琪：「媽咪，我想不到⋯⋯。」

（小琪感到很沮喪，母親拍拍小琪的背安慰她）

母親：「我看到剛剛小琪很有創意，想到用溜直排輪來甩開黑漆漆怪獸，我相信你還可以發揮創意，再想到其他方法的（複製卓越）。」

母親刻意正向聚焦在剛剛的成功經驗上，並且特別強調創意這項個人強項，暗示小琪可以繼續發揮創意去思考。

（過了一會兒，小琪還是想不出來）

母親：「像是，怎麼樣可以把黑漆漆怪獸縮小呀！或者是把妳自己變得很大、很大，黑漆漆怪獸看起來就很小了。」

這裡，母親提供小琪一些思考的方向，但為了避免限縮孩子的思考廣度、扼殺孩子解決問題的創意，並沒有一開始就說出這些提示。

小琪：「我想到了！最近我看了一本繪本，裡頭有一個小男孩，他吃了一顆神奇糖果，就變成巨人了，像大樹一樣高大的巨人。我如果也可以吃一顆神奇糖果，變得很大、很大，黑漆漆怪獸看起來就會小小的了。」

母親：「哇！會變大的神奇糖果，又是一個好主意！那麼，妳要從哪裡弄來這些神奇糖果呢？」

母親並沒有罵孩子天馬行空、不切實際，而是順著問下去；當孩子想出方法時，我們可以繼續細緻的探問，讓孩子把因應問題的細節或步驟想得更清楚。

之後，小琪說要用自己喜歡的糖果，和繪本裡的小男孩交換。母親便引導她去想像這個情節，然後把交換來的神奇糖果，放在睡褲的口袋裡，以備不時之需。

那天晚上，小琪沒有從惡夢中哭醒。隔天一大早，她向母親分享，昨晚又夢到黑漆漆怪獸了，但不同的是，她穿上事先準備好的直排輪鞋，又從睡褲口袋裡拿了一顆神奇糖果吃下去。

當她加速把黑漆漆怪獸甩掉時，竟然遇到班上最好的朋友雅芸，她也在躲避怪物的追殺。於是小琪分享一顆神奇糖果給雅芸，讓她一起變得很巨大，然後兩人手牽著手，一起逃走。

小琪：「好有趣哦！我竟然夢到雅芸。」

母親：「難怪，小琪昨晚沒有半夜醒來，要媽媽陪著睡，媽媽覺得小琪很棒呢！如果，今天晚上又夢到黑漆漆怪獸，小琪還會害怕嗎？」

小琪：「可能還是會吧！」

母親：「昨天妳成功擺脫了黑漆漆怪獸呢！妳會如何運用昨天晚上的經驗，面對下次再遇到黑漆漆怪獸的時候呢（複製卓越）？」

小琪：「有直排輪鞋、神奇糖果，還有雅芸陪著我，我就比較不害怕了！而且，我今天就要去找雅芸分享這件事。」

母親：「所以，現在即使沒有媽媽陪著，妳也可以自己一個人睡嗎？」

小琪：「嗯！」

母親：「我看到小琪不但成功擺脫黑漆漆怪獸的糾纏，還能夠晚上一個人在房間裡睡覺，不需要媽媽陪（行為表現），顯示小琪已經是漸漸獨立成熟的小朋友了哦（身分認定）！」

母親告訴我，後來小琪再也沒有夢到黑漆漆怪獸了。往後，雖然她有時候還是會在夜裡醒來，要母親陪著睡，但次數已經減少很多了。之後，母親與小琪討論這件事。

母親：「小琪現在愈來愈可以一個人睡覺囉！妳發現，自己做了什麼很棒的事情，來幫助自己做到呢（自我肯定）？」

小琪：「因為我不再夢到黑漆漆怪獸了！」

母親：「那麼，妳做了什麼，幫助自己沒再夢到黑漆漆怪獸呢（自我肯定）？」

小琪：「因為，我和雅芸約好了，如果做惡夢，就會趕到對方夢裡去救人！」

很多時候，令我們恐懼的事物，並不會真正傷害到我們，但經過想像的加工，那些事物就變得充滿威脅性。我們可以透過積極想像的方式，去化解恐懼的來源。孩子本來就有無窮的想像力，若是進行上述的引導，對於被惡夢困擾的孩子，通常很有幫助。

又過了一陣子，母親與孩子再度談起這件事。

母親：「小琪，妳現在都能一個人睡覺了。當妳有這麼成熟獨立的表現時，最想讓誰知道呢（關係聯結）？」

小琪：「當然是媽咪呀！」
母親：「哦？為什麼？」
小琪：「這樣媽咪就不用半夜醒來陪我，可以好好休息啦！」
母親：「謝謝小琪如此體貼媽咪，讓媽咪很感動呢（用感謝表達正向聚焦）！」

point

重點回顧

當孩子面對困境時，用提問的方式引導思考，可以幫助孩子對自己的現況與行為有更多覺察與探索，比起直接公布看似正確的做法，這樣對孩子的成長更有幫助。

提問式引導的正向聚焦，可以用在以下五個情境中：釐清目標、師法過去、複製卓越、自我肯定、關係聯結。

釐清目標：「你希望有什麼不同？」引導對方以正向的方式描述期待中的改變，才會帶出具體可行的做法；甚至可以依此衡量，自己是否正持續朝著目標前進，縮短距離。

師法過去：「當時，你是怎麼幫助自己度過困境的？」從過去的成功經驗中，萃取正向資源。獲得的可能是過去成功因應問題的方法，也可能就是一股力量，相信自己有能力面對挑戰。

複製卓越：「該如何把這次的經驗，運用在下次的挑戰中？」與孩子一同探究，如何讓當下的成功經驗，在未來也能發揮作用。

自我肯定：「你覺得自己做得很棒的地方是什麼？」引導孩子具體指認出自己做得好的地方，體驗到自己是有力量的。

關係聯結：「你最希望誰看到你的好表現？」引導孩子從重要他人的角度來看自己，產生繼續前進的動力。

4 用正向聚焦培養成長心態

還記得我在本書的一開頭，提到了「成長心態」與「定型心態」嗎？這是面對挑戰或成敗結果時，兩種不同的思維方式。

當父母的，總會期待自己的孩子勇於突破、樂於挑戰，能夠不以待在舒適圈為滿足，而是願意嘗試冒險，拓展自己的可能性。這樣的孩子，便是擁有成長心態的孩子。

在現今這個快速變動的時代，擁有成長心態特別重要。因為，當世局在變化，人也需要跟著改變。若害怕失敗，選擇待在過去安逸的環境中，採取一成不變的做法，不知不覺中就可能被時代淘汰了。

人生最大的風險，就是從不願意冒險。

現今，你可以觀察到有一群孩子，似乎對人生不抱希望，呈現消極無力的樣貌，每天過著如行屍走肉般的生活。這些孩子怎麼了？他們被「定型心態」牢牢捆綁住了。只是，一開始，他們不是這個樣子的。

年輕世代的無聊症候群

「我的孩子上國中後，變得懶散、消極、被動，不僅無心課業，還對未來沒目標，對生活沒想法。他唯一的嗜好，就是整天玩手機、打手遊。不給他玩，就說好無聊，但又不去找點正經事來做，每天無精打采，真令人看不下去！」

每隔一陣子，就會有家長來找我，抱怨他的孩子有上述「症頭」，並且總會問：「我們家庭健全，夫妻相處和諧，經濟狀況也算不錯，從小提供他很好的學習條件，為什麼他會變成這樣？」

一個孩子會變成這樣，原因有很多，需要細究才能曉得。然而，這幾年來我確實發現，有愈來愈多如此消極被動的孩子，他們的眼神中，完全找不到年輕孩子該有的青春光采，只有一副厭世的嘴臉。這是我常說的，青少年世代的「無聊症候群」。

什麼是「無聊症候群」呢？最大的特徵是：對現在沒想法、對未來沒方向，大人要他做什麼就做什麼；雖然不反抗，但也只求應付過去就好，對任何事情都呈現「無動機」的狀態。

為什麼會出現「無聊症候群」呢？就我的觀察，這些孩子，從小生活就缺乏「可支配感」，也就是他們很少（或無法）感受到，自己能掌控自己生活中的大小事。到最後他們也放棄爭取，只要配合大人的安排就好。

當大人過度熱心，幫孩子規劃好每日生活的一切，小從穿什麼衣服，大到交什麼朋友、時間如何運用、假日如何安排、學習什麼才藝……甚至研讀課業的計畫，都是由父母一手決定。那麼，孩子當然感受不到，自己對生活有任何可支配感。

問題在於，為什麼父母要幫孩子主導一切，而不讓他自己試著探索或做決定呢？

這反映出父母本身的焦慮：在孩子小的時候，是擔心他受傷；等孩子大了，則是擔心他的人生失敗。所以身為父母，總要一手掌握孩子的一切，才會感到安心。然而，你的苦心卻向孩子傳遞一個訊息：「我不信任你擁有做決定的能力，因為你『能力不夠』或『做不到』。」

長久下來，孩子吸納這些來自大人的信念，便會發展出自我否定的心理傾向，也不相信自己有能力做得到；久而久之，即使依然渴望能主導自己的人生，卻連積極爭取的動力都沒有了——這就是典型的「定型心態」：不相信可以透過自己的努力，改變現況或未來。

「可是，我們都有讓他自己決定呀！」有不少父母會這樣回應。問題是，我們讓孩子決定後，真的有尊重他的決定嗎？

大人常犯的一個錯誤，就是請孩子自己做選擇，但當孩子決定之後，又推翻他的決定，否定他的選擇。如此，孩子就學會一件事：「反正我怎麼決定都是錯的，乾脆不要決定算了！」

一個時常被否定的孩子，也會感覺對自己的生活缺乏可支配感。小從放棄打理生活中的瑣事，大到放棄自己的人生；當然會對什麼事都興趣缺缺，只是消極配合。而在手遊世界裡，孩子能找回些許的人生主導權。於是，手遊就成了他現階段人生中，唯一的心靈寄託。

試想，如果你在職場上能發揮的空間有限，都只能聽命行事；得不到肯定就算了，多做還多錯時，相信你也會選擇閉上嘴，聽話照辦就好。而每天去上班，當然也會是一副厭世的嘴臉！

分分必較的資優生

如果在這個過程中，身旁大人又過度在乎孩子表現的成果時，便可能讓他逐漸意志消沉，對生活的挑戰敬謝不敏，即使是很容易的事，也會拒絕嘗試。甚至在資優的孩子身上，也可以看到類似的表現傾向。

有位老師與我分享，在他國中任教的班上，有個從小各方面表現都頂尖的孩子。有一次，他發現這孩子在座位上偷偷拭淚。原來是月考剛過，上一節課剛發數學考卷，這孩子答錯了一題而少了兩分，因此沒拿到滿分。再細究，是因為他答題時某個字沒寫好，被老師圈起來扣了分，所以他本來應該要得滿分的。

不巧的是，那次考試，好幾位同學的數學成績都滿分，更令他覺得既懊惱又丟臉，於是眼淚不爭氣的落下來。老師去安慰這孩子，只見他不斷唸著：「我明明就可以滿分的！就差兩分，怎麼會這樣？」

老師告訴他：「每次考試，你幾乎都拿滿分；不只數學，各科都是如此。你的優異表現，早就是有目共睹，不需要糾結在這兩分上面吧！」

「不！我應該考滿分的，怎麼會這樣？」用手摀臉，不斷啜泣。

「沒這麼嚴重吧！何況你只是字沒寫好，並不是真的不會寫呀！」

「不不不！沒有滿分就不行啦！我怎麼會這麼糟呢？」

「誰會認為你很糟呢？」

「大家！」

是嗎？其實少了這兩分，根本無損他在每個人心中的形象。事實上，的確沒有任何同學，因此認為他不夠好；而學校老師、他父母，更不會因為偶然一次沒考滿分就責備他。只有他自己，不允許自己少了那兩分。而這種分分必較的狀況，已經不是第一次發生了。

後來，學校要選拔科學競賽選手，全國冠軍還有機會出國比賽，不少同學都躍躍欲試。老師們第一個想到的，就是這位成績優異的孩子，一致認為他頭腦最好，是代表學校參賽的不二人選。一開始，這孩子相當興奮的答應。三天後，他卻告訴導師，想把機會讓給其他同學。

「為什麼？」導師相當不解。

「我就是不想去就對了！」

這孩子沒說出任何原因。如果不是父母反對，或是遭遇其他生活困境，那麼唯一的可能就是，他害怕自己會失敗，因而選擇放棄。

畢竟，這孩子從小各項表現優異，旁人總是盯著他亮麗的成績，自然有輸不得的壓力。不論是老師或父母，如果都以「成績表現」做為給予回饋或肯定的依據，他也會逐漸發展出「定型心態」：「沒考滿分，代表我很糟！」「沒拿第一，代表我很糟！」「沒得冠軍，代表我很糟！」

這些盤旋在腦海裡的信念，讓他不願意去接受沒十足把握的挑戰；而害怕失敗，也使他躲在被亮麗成績包裝起來的舒適圈中。

這便是杜維克所說的，師長如何回饋孩子，會影響孩子如何看待自己的表現，進而發展出「成長心態」或「定型心態」。

培養成長心態的路徑

那麼，該如何避免孩子走向「定型心態」，而發展出「成長心態」呢？其實，只要把握幾個正向聚焦的原則就可以了。下一頁是我整理的表格：

培養成長心態的正向聚焦原則

焦點		例句	聚焦頻率
脈絡	過程	「我看到你一直很堅持。」 「我發現你一直都沒有放棄。」 「我觀察到你願意嘗試不同的方法。」 「謝謝你的體貼。」	大量提及
	結果	「你這次考了第一名呢！」 「這次又是滿分了。」 「你的作品很完美，傲視群雄。」	偶爾提及
層次	可改變	「我看到，你是如此的努力。」 「當你開始使用新的讀書策略時，我知道，你很懂得變通。」 「你努力去把握自己可以做到的事。」 「你一直都是如此的善解人意，願意去關心別人。」 「你選擇誠實以對，真的很不簡單！」	大量提及
	難以改變	「你好聰明哦！」 「你一定是個資優生。」 「你天生就是讀書的料。」 「你長得又高又壯，難怪身手這麼矯健。」 「你長得很清秀，難怪人緣這麼好。」	避免提及

焦點		例句	聚焦頻率
佐證	自我比較	「我觀察到，你一天比一天更願意多花時間在學習上。」 「我發現，你的數學成績一直在進步。」 「比起去年，你現在變得更有自信，更願意主動發言。」	大量提及
	向外比較	「你已經是全校最頂尖了。」 「你的表現傲視群雄，人人都羨慕你。」 「你只要再多努力一點，就可以贏過張美美了！」	避免提及
	標準比較	「我觀察到，你的英文成績開始及格囉！」 「只要把這兩題訂正好，你就把全部都學會了。」 「你把家裡打掃得好乾淨，根本就像是高級飯店一般。」	偶爾提及

透過這張表格，你可以試著揣摩，關注在不同的焦點，可能帶來的不同影響。以下從脈絡、層次、佐證三方面詳細說明。

1. 脈絡：聚焦在表現的「過程」，多於聚焦在表現的「結果」。

當孩子面對生活挑戰或任務時，我們若能時常將肯定的焦點，放在執行過程中，孩子展現出來的努力、堅持、彈性、態度或良善動機，孩子也會跟著注意到這些，而不會只在意成績表現或結果如何。因為，結果不如預期，孩子便會提早放棄；結果符合預期，孩子也容易患得患失。

2. 層次：聚焦在「可改變」之處，而非「難以改變」的固定特徵。

要盡量去肯定那些對孩子而言，有可能改變的能力或特質，像是努力的程度或投入的時間，或者是誠實、善良、體貼、正直等美德——孩子可以選擇是否要這麼做（或做到什麼程度）。因為改變是可能的，當正向聚焦在這些層面上時，孩子也願意繼續做更多、做更好。

相對的，身高、體重、天資、外貌或出生背景等，這些看似天生、固定或難以改變的特質、條件，要盡量避免提及；否則，孩子很容易相信，一個人的成功是天注定，是專屬於那些幸運兒的，自己再怎麼努力，也不可能擁有。

3. 佐證：大量運用「自我比較」，見證自己的進步。

最後，盡可能引導孩子自己與自己比較。因為，向外比較，永遠有比他還要強的人；標準比較，永遠找得到更高的標準，常令人感到挫折。若是自己與自己比較，引導孩子看見進步的軌跡，並與孩子進一步討論：「你是如何幫助自己，愈來愈進步的呢？」為孩子在心中拉起努力與進步之間的關聯，孩子會因此相信：「透過努力，我有可能愈來愈進步。」並相信改變是有可能的。

如果能做到，何苦要擺爛？

我曾和一個孩子談話。他當時國一，課業吊車尾，對現在沒想法，對未來也沒期待，生活中似乎沒有任何令他感興趣的事——除了玩手遊和看電視以外。

他每天背著書包來學校，上課不是發呆就是睡覺，再背著書包回家去。學校老師說他本性不壞，凡事順從，但也不會做得太好，就是消極度日，過一天是一天，屬於典型的「無聊症候群」。

父母常數落他，他偶爾會生氣，但大多時候就由父母罵，也不太會反抗或頂撞。父母說：「他國小還好，上了國中，好像就變懶散了！我們不知道，他到底是哪顆螺絲鬆了，怎麼會變這樣？」

要和這樣的孩子談話，是相當有難度的。雖然你問什麼，他就答什麼，完全配合；但很多時候，他常說的是「不知道」。而你若沒問，他就什麼都不講，對話常難以持續。為什麼會這樣呢？因為，他在與大人的對話經驗中，感受到太多挫敗了。

我想知道他在意的是什麼，於是問：「最近的生活裡，有什麼事是讓你感到期待的呢？」

他想了很久，然後搖搖頭說：「不知道！」

我說：「謝謝你讓我知道，你暫時沒想到（用感謝表達正向聚焦）。而且我觀察到，你花了一些時間想，看起來很用力思考；可見你對這個問題的重視（正向意圖）。」

接著，我再提問：「好像，生活都很無聊。最近如果有一件沒那麼無聊的事情，你覺得會是什麼呢？」

「校慶吧！」

「嗯！校慶，怎麼說呢？」我點點頭，肯定他願意多說一點。

「因為可以不用上課。」

「不用上課呀！那麼，校慶會做些什麼呢？」

「園遊會。」

這孩子確實有問必答，但都相當精簡，於是我繼續問：「園遊會……要做些什麼呢？」

「就賣東西吧！」

「你們班打算賣些什麼呢？」

「不知道。」

又是不知道！一般而言，談到這裡，大人就會開始不耐煩，接著火氣上來，用責備的語氣說教。如此，就印證這孩子心裡對自己負面的觀感，還有對大人的敵意。我決定繼續對話。

「我相信，你也有參與吧！你會在園遊會中做些什麼呢？」

「沒有。」

「我的意思是，負責什麼任務呢？或者被安排到什麼工作呢？」

「好像是搬東西吧！我不知道。」他聳聳肩。

「你喜歡嗎？你喜歡這個工作嗎？」

「還好⋯⋯。」

「你覺得，會搬些什麼東西呢？」

「桌子、椅子，還有一些要賣的東西吧！」

「你很清楚自己的工作內容呢！你是如何被安排到這個工作的呢？是

你自己爭取的嗎？還是有人安排的？或是抽籤抽到的呢？」

「不知道，被安排的吧！」

「你知道，為什麼會安排你做搬東西的工作嗎？」

「不知道，可能因為我其他的都不會……。」

「我這樣聽起來，好像，你希望對班級有些貢獻，是嗎（重新框架）？」

他沒有說話。

我停頓了一下，繼續問：「如果讓你選，在園遊會中，你有比較想做的工作嗎？」

「都還好，反正其他事情都有人做了！」

「聽你這麼說，其實你也希望自己幫得上忙，但又觀察到，別的工作已經有人負責了，所以就把機會讓給其他同學（正向意圖）。」

我試著重新框架這孩子行為背後的意圖，他不是不願意幫忙，而是把機會讓給能力更強的人。

他點點頭說：「我大概比較適合搬東西吧！」

「我很好奇，你是怎麼發現自己適合搬東西呢？」

「我之前在班上，都是負責搬比較重的東西。」

「原來，你之前就已經對班級很有貢獻囉！所以這一次，你繼續在園遊會中發揮你的專長（正向意圖）。我發現，你對班級是很願意付出的。你這麼願意幫忙的心意，最希望讓誰知道呢（關係聯結）？」

「沒有……。」這孩子低下了頭。

「我猜，你很希望有人能夠看見你的努力；但事實上，你好像得不到什麼肯定或認同。特別是老師或父母，好像都對你不是很滿意，是嗎？」

這句話是大膽的猜測，同時，也是深層的同理。

「嗯，」他點點頭說：「我沒有什麼值得讓他們驕傲的地方……。」

「怎麼說呢？」

「我做什麼，他們都要罵我，不讓我做這個，不讓我做那個，然後又說我很懶散、一事無成。」孩子的眼眶，泛出了一些淚水。

「所以，你很無力！」我再度回應他的情緒感受，接著說：「然而，我看到的是，即使你得不到肯定，卻沒有頂撞他們，沒有放棄自我，更沒有去抽菸、吸毒、混幫派、做壞事。反而，你很願意配合、很友善，也願意為班級付出。這一點，我是很肯定你的！」

「反正，可以不要被罵就好了！」

「凡事默默配合，這樣子最安全，是嗎？」

這孩子點點頭。

我接著說：「所以，他們說你對任何事都漠不關心，其實你是會配合的，而這麼做，是為了保護自己不挨罵，也能減少跟其他人之間的摩擦（正向意圖）。」

一個人如果做什麼都被否定，也不被允許去做自己想做的事，那麼，消極配合就是最好的策略。因為這樣最安全，但也顯示他內心有沉重無比的無力感。

我再問：「我很想知道，他們不滿意你，那你滿意自己嗎？」

孩子搖搖頭說：「我一無是處！」

「是嗎？可是我觀察到，你有很多值得肯定的地方哦！像是他們要你來跟我談，你就來了（行為表現）；而我想知道什麼，你也都願意回答（行為表現），這對我很有幫助（情感聯結）。不只如此，你還願意配合班級的工作，對班級有貢獻（行為表現）！所以，我覺得你很合群、很友善哦（個人強項）！」

孩子露出了一抹尷尬的笑容，我也微笑的看著他，接著問：「我很想知道，你覺得自己身上，有什麼值得被肯定、被看到的地方？」

孩子聽完，想了很久。

我補充道：「即使是很小、很小的事情也可以哦！」

他說：「沒有，我什麼都做不好……。」

我想，這孩子想到的，大概都是課業、比賽、才藝方面的事，對他而言，這些都太難了，是不容易改變的項目。而且要是能做到，何苦要擺爛？

我提示：「我想知道的是，你觀察到自己，是否有某些個性或特質，是還滿不錯的。像我就覺得，你很願意配合、很願意合作。」

「我很隨和吧！盡量不和別人起衝突。」

「所以，你是隨和又脾氣溫和的人囉！那麼，你可以和我分享一個這樣的例子嗎？」

我邀請他描述自己的正向之處，並且舉出具體的實例。而我，就認真的聆聽，好奇的品味。

我希望能透過這樣的過程，讓這孩子感受到，他有值得被肯定的地方，進而相信自己有價值、值得被看重。

重燃孩子對生活的熱情

我想這簡短的談話，應該能讓這孩子感覺沒那麼無力。因為他的某些亮點被看見了。甚至，這說不定是他最近幾年來，第一次被大人肯定。

然而，我也知道，光是這樣的簡短談話，是不夠的。如果他身旁的人，特別是父母或老師，都能不斷透過正向聚焦，讓他感受到力量，便有可能點燃這孩子對生活的熱情，進而開始在生活中積極行動。若能因此獲得成就感，再被看見與肯定，就能啟動一系列正向的循環。

point

重點回顧

「無聊症候群」最大的特徵是：對現在沒想法、對未來沒方向，大人要他做什麼就做什麼；雖然不反抗，但也只求應付過去就好，對任何事情都呈現「無動機」的狀態。

無聊症候群的孩子，常來自於從小生活就缺乏「可支配感」，很少（或無法）感受到，自己能掌控自己生活中的大小事。到最後他們也放棄爭取，只要配合大人的安排就好，這是典型「定型心態」的展現。

!

有的孩子從小各項表現優異，旁人總是盯著他亮麗的成績，自然有輸不得的壓力。如果師長都以「成績表現」做為給予回饋或肯定的依據，他也會逐漸發展出「定型心態」。

避免孩子走向「定型心態」的三個正向聚焦原則：

1. 脈絡：聚焦在表現的「過程」，多於聚焦在表現的「結果」。
2. 層次：聚焦在「可改變」之處，而非「難以改變」的固定特徵。
3. 佐證：大量運用「自我比較」，見證自己的進步。

Transformation

Part 4

應用

1 如果對方不領情

一位朋友告訴我，她過去是個悲觀的人，為了改變自己，開始大量接觸心理學領域的知識。她去上心靈成長課程，也閱讀心理勵志書籍，幾年來，對她大有幫助，「我變得比較樂觀、更為正向！」我也很高興心理學為她帶來成長與蛻變。

然而，她卻嘆了口氣說：「可是，我卻與身旁的人，有一種漸行漸遠的感覺。」原來，當她大量接觸心理學知識後，便開始在生活中刻意練習，像是感恩日記或轉念思考，都是她的例行功課。她更熱中與家人分享自己所學，特別是她的另一半。

當她看到另一半遇到困境、心事重重時，便會引導他往正面去思考。

但另一半卻似乎不能接受，甚至不願意與她多談。這令她感到有些洩氣。

例如有一次，另一半在公司受到長官嚴厲責難，為此感到相當挫折。

我這位朋友說：「你會這麼難過，是因為很在意自己的表現吧！其實，就我的觀察，你已經很努力，業績也比其他人都要好了，不是嗎？人難免都會犯錯，就當做一次學習的機會吧！」

「我知道呀！可是，我這麼努力，成績也很好，為什麼還要挨罵，真的很丟臉耶！」

「也許你的主管，對你有更高的期待，所以才會對你如此嚴厲吧！」

「我知道，但是他也不能這麼不客氣，太不給人面子了！」

「不過換個角度想，他仍然把這份任務繼續交給你做，顯然你還是被信任的！」

「我看，他是找不到人收拾善後吧！」

「你不要老愛鑽牛角尖，沒那麼糟啦！」

「誰鑽牛角尖了？妳根本就不懂……。」

另一半愈說愈火，她只好閉上嘴。

令我朋友不解的是，為什麼她試圖引導另一半正向思考，卻沒能得到效果，反而把另一半惹毛，問題出在哪裡呢？

當我們學習了一套新的溝通技巧後，總會躍躍欲試，嘗試用在周遭的人身上，並期待立刻看到效果。但往往也是這樣急切的心情，導致挫敗收場。或許，正是我們的殷切期待，讓對方感覺到壓力，而人在壓力之下，會快速啟動自我保護機制，拒絕接受他人的觀點。

正向聚焦也是一樣。很多時候我們給出肯定，對方並不一定買單，結果不但沒能為對方帶來力量，還心生抗拒，不願意與我們繼續聊下去，這該怎麼辦？

首先，我們得明白，每個人都是獨一無二的。換句話說，**你不可能要每個人都得接受你的想法，即使是善意的肯定或讚美，也是一樣。**所以，正向聚焦不被接受，是再正常不過的事了！保持平常心，這樣會比較好過。接著，我們也需要去探究對方不領情的原因，可能有哪些。

一般而言，我們表達正向聚焦時，若不被對方接受，可能是因為：

1. 彼此的信任關係不夠。
2. 正向聚焦沒有基於事實。
3. 對方不習慣被肯定。

彼此的信任關係不夠

信任關係是一切有效溝通的基礎。正向聚焦沒能被接受，往往與信任關係不夠有關。例如一位母親試圖關心她的孩子，進行了以下對話：

母親：「我發現你最近心情不錯，是不是在學校有什麼好事？」
孩子：「哪有？都差不多啊！」

母親：「這樣子呀！不過，你能夠一直保持好心情，媽媽看了心情也很好哦！」

孩子：「唉唷！又沒什麼特別的事，幹嘛心情不好？」

母親：「也是……好，如果有什麼好事，歡迎和我分享哦！」

這母親確實做到了正向聚焦，但對話實在進行不下去，讓她感到很氣餒。原因可能在於，親子關係緊張已久，母親這麼做是想修復關係，卻吃了閉門羹。許多父母，特別是青少年的家長，在試圖使用正向聚焦來拉近親子距離時，都會遇到類似的窘境。

因為孩子不信任我們，所以，就算我們說的話再有道理，他也不願意接受，甚至會回應一些不中聽的話語。

像是有位家長觀察到，週末假日孩子起了個大早，把回家作業寫完了，相當難得，於是立刻與孩子對話：

家長：「我觀察到，你今天很不一樣，一大早就起來把功課完成，特別自動呢！」

孩子：「對呀！我吃錯藥了呀！」

家長：「唉！我的意思不是這樣啦！」

孩子：「不然是怎樣？又要藉機說我功課不好、貪玩，對不對？」

孩子的回答相當刻薄，傷了家長的心。不過，孩子會有這樣的回應，通常是因為彼此缺乏信任關係。可能，這孩子由於課業落後，長期被父母數落、否定，所以，他早就預期父母說出的話，大概不會太好聽。如此，即使是正向聚焦的肯定話語，也很容易被負面解讀。

如果是因為長期關係惡劣，導致信任度不足，請記得，關係品質惡化不是一朝一夕形成的，修復關係當然也需要相當的時間。家長必須持續對孩子表達正向聚焦，一次又一次，讓孩子逐漸感受到，父母是真心想要看見他的好。日積月累之下，終能看見曙光。

還有另一種信任關係不夠的可能狀況，是孩子沒感受到被充分理解。例如有個孩子被同學誤會，受了委屈。老師想安慰他，於是展開對話：

老師：「我觀察到，同學這樣誤會你，你卻沒有和他們撕破臉，你是怎麼做到的呢？」

孩子：「都已經被誤會了，還要鬧翻，我不是就黑掉了！」

老師：「看起來，你是希望和同學保持過去的良好關係。」

孩子：「算了，太難了！被誤會就被誤會了……。」

老師：「要不要，試著向同學說明呢？」

孩子：「我說了，沒用！」

老師：「原來你試過啦！」

孩子：「我只希望不要把事情鬧大，這樣就好。」

老師：「看起來，你是一個友善又愛好和平的人哦！」

孩子：「不是，我才不是……。」

顯然，老師表達的正向聚焦被孩子拒絕了。那是因為，孩子心裡有許多不滿、怨恨、憤怒、不平，甚至無力的情緒感受，還沒被真正理解。他渴望老師能夠理解自己，卻感覺與老師的距離愈來愈遠。

遇到這樣的狀況，我們要做的，就是試著透過同理心的表達，更細緻的去理解孩子的內在感受，真正接住孩子的痛苦。

正向聚焦沒有基於事實

如果要肯定一個長期自我價值感低落的人，一定要有足夠的事實根據。因為他對自己的觀感，長期以來都是負向的，認為自己不夠好、一無是處，甚至沒資格得到肯定。即使他仍渴望自己的好能被看見。像我曾經聽過一對師生的對話：

老師：「你要有信心一點。你看，你長得一表人才，心地也很善良，怎麼會這麼沒自信呢？」

學生：「可是，我長得不好看，也不受歡迎呀！」

老師：「那是因為他們沒看見你的好。所以，你要大方一點，與他們多互動，他們就會發現你的優點了。」

學生：「算了，我沒有什麼優點……。」

老師：「怎麼會沒有呢？」

學生：「老師，你不用安慰我了。我知道我很糟……。」

這位老師用盡力氣想肯定孩子、激勵孩子，但學生卻回絕了老師的每一句美言。為什麼？

一來，這孩子的自我觀感相當負面，認為自己一無是處；二來，老師的肯定話語沒有基於事實，或者說用詞過於空泛、不夠具體，所以即使話說得再好聽，學生也不會接受。

像「一表人才」就是個空泛的讚美；而「心地善良」這樣的描述也不夠具體。

如果老師改成這麼說：「我觀察到，你總是願意在下課後，留下來幫忙老師收東西，可見你心地善良，也很熱心，謝謝你！」孩子就會覺得自己得到肯定了。

對方不習慣被肯定

一個長期遭到否定、批評、指責的孩子，若是突然間聽到他人對自己的讚美，內心通常不會感到開心、喜悅，而是惶恐、緊張，甚至會感覺不知所措！

因為，這與他平常受到的對待差別太大，和他對人的預期相差太遠了。在這種情況下，就算正向聚焦的是事實，他也一時難以接受。

我曾遇過一個孩子，在我們會談時，每當我向他表達正向聚焦時，他都是面無表情，或者只是尷尬的苦笑了一下。我很疑惑，不知道是否有帶給他力量，也會和他澄清與核對，是否有哪裡說錯了？而他總是搖搖頭說沒事。

有一次，這孩子告訴我：「老師，剛開始和你談話時，每次你肯定我，都讓我感到很惶恐，因為我不知道該不該相信。我不知道，自己是否如你所說，也不知道該怎麼回應才好。因為，我從來沒被這樣說過。應該說，從小到大，印象中沒有人這樣肯定過我；而你是第一個，如此願意欣賞我優點的人。」

我問：「所以，你露出尷尬的笑容，是因為不習慣有人這樣肯定你，是嗎？」

他點點頭。

也許，你無法想像，有人會「不習慣」被肯定，但確實存在這樣的人。因為他從小就被貼上太多負面標籤，聽到的都是指責、數落、批評或訕笑，以致他根本就忘記，自己也有優點或長處。

所以，每當有人對他表達欣賞或讚美，他就會相當不自在，甚至，內心深處還希望能被指責或否定，以證明自己就是個糟糕的人。可想而知，這樣的人，終其一生會活得相當辛苦。

正向聚焦於關係互動的當下

現在我們知道，表達正向聚焦如果不被對方接受，可能是因為**彼此的信任關係不夠、正向聚焦沒有基於事實、對方不習慣被肯定。**

如果可以，設法透過表達理解，讓信任關係更足夠，盡可能以具體的事實做為正向聚焦的根據。要是對方仍舊不接受，那麼，尊重他的感受與決定，就是當下最好的策略。而我們也可以將正向聚焦的焦點，放在此刻你我之間，正在發生的互動過程上。

什麼意思呢？例如你試圖為孩子的行為，做了重新框架的正向聚焦，但孩子說：「不，不是這樣的！」那麼，你可以回應他：「謝謝你讓我知道，你的想法不是這樣。」

這就是將對話的焦點，從本來在談的事件，放到你我之間的互動關係中。然後你可以進一步問：「如果不是我說的那樣，那麼，你的想法是什麼呢？」邀請孩子為自己的行為進行詮釋。

例如在公園裡的遊戲器材上，有個男孩推了姊姊一把，害她從高處跌落地上，幸好沒有受傷。

母親在一旁看到，氣了、急了，連忙一把抓住男孩的衣領，對他吼著：「你給我過來！為什麼要推姊姊？你不知道這樣很危險嗎？」

「吼唷！沒有啦！」男孩扭動著身體，試圖掙脫，而母親抓得更緊。

「明明就有，你不知道這樣很危險嗎？」

「知道了啦！我可以去玩了嗎？」

眼看與孩子討論不下去，母親決定鬆開手，蹲下來看著男孩，說：「弟弟，媽媽之所以會這麼急，說話比較大聲，是因為擔心姊姊會受傷。但我相信，你剛剛推姊姊，絕對不是故意想傷害姊姊。你是因為覺得好玩嗎（正向意圖）？」

「沒有啊！」男孩轉過頭，沒多說什麼。

「謝謝你願意告訴我，不是因為好玩（表達感謝）。那麼，是什麼原因呢？」

「姊姊也這樣推我呀！為什麼姊姊可以，我就不行？」

「原來如此！謝謝你願意告訴媽媽，姊姊也曾經這樣對你（表達感謝）。所以，你覺得姊姊可以這樣做，你也可以，是嗎？」母親再次確認。

「我不知道！」

「好吧！那你可以答應我，以後不要做這種危險動作嗎？」

「妳去告訴姊姊，她也不行做，我才不做！」

「原來，你是很希望，媽媽可以公平的要求你和姊姊呀（期待）！是這樣嗎？」

「嗯！」男孩點點頭。

「好！謝謝你讓我知道你的想法（表達感謝），這對我很重要（情感聯結）。媽媽答應你，等一下就去找姊姊談，我希望你們都能遵守遊戲安全規則。」

男孩聽完露出笑容，母親也感到放心了。

point

重點回顧

在人際溝通中，我們的殷切期待，常會讓對方感覺到壓力，而人在壓力之下，會快速啟動自我保護機制，拒絕接受他人的觀點。

每個人都是獨一無二的。你不可能要每個人都得接受你的想法，即使是善意的肯定或讚美，也是一樣。所以，正向聚焦不被接受，是再正常不過的事了！

我們表達正向聚焦時，若不被對方接受，可能是因為：彼此的信任關係不夠、正向聚焦沒有基於事實、對方不習慣被肯定。

當正向聚焦不被接受時，我們也可以將焦點，放在此刻你我之間，正在發生的互動過程上，最常見的回應是：「謝謝你讓我知道，你的想法不是這樣。」

② 純然的肯定

在我的家長成長課程中，正向聚焦是必定會排入的主題之一。我告訴家長，正向聚焦如何為一個人帶來改變與成長的力量，並指出有效的肯定與讚美，是孩子身心發展的絕佳養分。

然而，不只一次，我都會遇到這樣的疑問：「老師，你說要正向聚焦，絕不否定。那麼，當孩子犯錯時，不就都不能責備、數落他了嗎？這樣，孩子如何能學到教訓？」

難道孩子犯錯了不能責備？

這個問題，往往引起現場家長議論紛紛。有人點頭如搗蒜，有人露出疑惑的表情，有人皺眉苦思。顯然，它說中了大人關心的事情。

「謝謝你幫大家問了一個好問題！」當下，我給了一個正向聚焦的回應，接著重複這個問題：「孩子犯錯了，難道都不能責備嗎？」並邀請大家一起思考。

「不是責備吧！應該是糾正。」有位家長回應，其他人紛紛點頭。

「那麼，糾正的目的是什麼呢？」我接著問。

「為了避免孩子再犯。」這時，回答的家長變多了。

「沒錯！避免孩子再次犯錯，才是最終目標。責備也許能達到這樣的目標，但通常會有副作用，甚至可能帶來反效果。然而，運用正向聚焦不僅能幫助孩子避免再犯，同時也不會讓孩子心生抗拒。甚至可以說，幾乎沒有任何傷害。」

我想傳達的觀念是，責備是手段，而不是目的；但責備會造成許多傷害，並且讓孩子更不願意合作。同時，正向聚焦和糾正孩子的問題行為，兩者並不相違背。

傳統觀念認為「不打不成器」，總覺得在孩子犯錯時，若不給適當的懲罰，或者不數落責備一番，孩子就不會印象深刻，更不會學到教訓。然而，我們卻忽略去思考兩個問題：第一、孩子在犯錯當下，常常已經付出代價，足以讓他學到教訓了；第二、很多時候，孩子知道自己做的事情不對，但仍選擇去做。

所以，面對大一點的孩子，其實根本不需要指責，因為他早已知道自己做錯了。問題在於，孩子明知道是錯事，為什麼還要去做呢？

答案是，孩子遇到困難了，而犯錯或問題行為，正是他用來因應困境的手段或策略。換句話說，做那些不被大人容許或支持的事情，往往在某種程度上，能幫助孩子解決問題。

既然孩子犯錯是遇到了困難，那麼一再犯錯，代表他一直處於困難中。

這時大人要做的，不該是去責備或否定孩子的選擇，而是試著去理解他遇到什麼困境，所以需要透過這些問題行為去因應。

這樣說來，當孩子犯錯時，我們糾正他的犯錯行為，不單是要避免他再犯，更積極來說，還要找出新的因應策略：一方面有效處理問題，另一方面，不會對自己或他人造成傷害。

我們把握糾正孩子言行的正確目的後，不妨思考責備、否定、批評、指責或數落，是否是有效而無害的方式？而透過正向聚焦，一樣可以幫助孩子面對困境、因應挑戰，進而解決問題。

忍不住找缺點、翻舊帳

另一個練習正向聚焦常見的問題是，許多大人會一邊給予孩子肯定與讚美，但一邊忍不住找缺點、翻舊帳。

有個孩子不重視整潔，出門總是不願好好打理自己的儀表，一些基本的衛生習慣也做不好，常讓鄰座同學很反感。儘管母親苦口婆心的勸告，孩子仍舊不聽，不然就是敷衍了事，讓母親一直覺得十分困擾。

有一次孩子用完早餐，在出門上學前，突然跑到浴室裡去洗臉、梳頭、整理服裝儀容。母親感到很意外，想起「行為不會一成不變」原則——孩子再怎麼不重視清潔衛生，有時候也會稍微打理自己。這是正向聚焦介入的最好時機。

然而，這位母親卻告訴我：「孩子聽完我說的話，好像很不開心，還叫我不要一直囉唆！怎麼會這樣？」

我問她：「妳當時是怎麼說的？」

她回答：「我說：『我觀察到，你今天在出門前，主動梳洗清潔、打理儀容，這樣看起來有精神多了呢！』」

「然後，還有說什麼嗎？」

她思考了一下，繼續說：「我還說：『如果以前都可以像現在這樣，那該有多好呀！之前，不管我怎麼提醒你，用講的、用罵的，你都不肯認真做好清潔，讓我好擔心。像現在這樣不是很好嗎？你到學校去，同學就不會離你遠遠的，你也會比較受歡迎。這樣多好呀！』」

我告訴這位母親：「我明白，孩子受到妳的肯定，為什麼不開心了。如果是我，也會覺得不舒服。」

她露出疑惑的神情。

我說：「妳雖然有做到正向聚焦，但並非純然的肯定，裡頭還帶有許多指責與否定，當然達不到效果。」

她觀察到孩子主動去整理儀容，前面說的話：「我觀察到，你今天在出門前，主動梳洗清潔、打理儀容，這樣看起來有精神多了呢！」確實是正向聚焦，而且是聚焦在孩子的行為表現本身。

但她接下來說的一大串話：「如果以前都可以像現在這樣，那該有多好呀……。」這些話全都是在翻舊帳——具體指出孩子過去「沒做到、做不好」的地方，這下又變成負向聚焦，孩子當然不能接受。

當孩子願意努力為自己創造改變的機會，聽到的卻是翻舊帳、批評指責的回應，就會懷疑：「我還需要改變嗎？如果做不好會被罵，努力做好一點也會被罵，乾脆就不要做了！」

在正向聚焦之後接著找缺點、翻舊帳，很容易讓孩子感覺到，自己的努力與改變被潑了冷水，於是又打回原形。只是，在肯定與讚美後面接著翻舊帳，已經是很多父母或老師的自動化反應了。好像，不把舊事重提一番，就無法讓孩子印象深刻；好像，不嘮叨個幾句，就沒有盡到當父母或老師的責任。但是，如果數落或責備能有效，孩子的問題早就不存在了，不是嗎？

如果這位母親懂得踩煞車，在正向聚焦後就別再說了，也許結果會不一樣。甚至，她可以在孩子放學回家之後，找機會與他談論早上的事情，好奇的詢問孩子：「我今天觀察到，你主動去打理好自己的儀表，不需要媽媽催促就做到了，而且看起來容光煥發，好看極了！我很好奇，是什麼讓你願意這麼做呢？」

這是聚焦在孩子的期待上。另外，也可以透過聚焦在關係聯結，進行提問式引導：「當你這麼做時，有誰發現你不一樣了呢？」或是：「當你這麼做時，你最希望被誰看見呢？」引導孩子分享，當他有了改變時，發生什麼新的體驗。

羅沙達比例

正向心理學家曾做過一個研究，他們找了許多知名公司，進到其中記錄每家公司開會時，人們嘴裡說出正向語言與負向語言的頻率如何，並因此發現一個神奇的比例，也就是二．九：一，可以預期這家公司的未來，是邁向成長還是走向衰敗。

一個組織或團隊，若正向語言與負向語言的比例大於二．九：一，也就是平時互動有愈多的正向語言、愈少的負向語言，則會有較高的凝聚力，業績也會蒸蒸日上；反之，若小於二．九：一，即負向語言出現的頻率較高，團隊將日趨崩解。

由於這現象是由馬歇爾．羅沙達博士（Dr. Marcial Losada）率先發現，所以稱為「羅沙達比例」。羅沙達比例不只發生在一般的企業組織裡，在任何團體與人際關係中都是如此。特別是在家庭裡，夫妻關係、親子關係或手足關係，若要維繫長久緊密、高品質且具支持性的互動氛圍，彼此之間的正向語言需要遠高於負向語言，甚至達到五：一以上。

這表示在家庭中，家人間的一句批評、指責、攻擊或謾罵，就足以毀掉之前出現過的五句肯定與讚美的話語。然而，這並不是說，我們完全不能表達些不中聽的話，尤其在親子關係中，父母肩負教育孩子的責任，一味討好孩子絕非益事。

但我們從羅沙達比例中知道，若能累積愈多的正向情感資本，將有助於抵銷偶爾必須出現的負向話語——不是那麼中聽，但是對孩子很重要的提醒或告誡。

讓我們回到本篇開頭的問題：「孩子犯錯了，難道都不能責備嗎？」

孩子犯錯了，該教的還是要教；有時候，也難免需要講比較重的話。然而，要讓孩子能聽得進去，誠心接受，並且願意改變，先決條件是親子間有累積足夠的關係資本，而關係資本來自於平時大量出現的正向回應。因此，透過正向聚焦做為引導孩子改善問題行為的媒介，是再適合不過了。

如果需要糾正孩子時

如果有一天，你接到孩子班導師的電話，聽他語氣急促的說：「我一定要告訴你們這件事，拜託你們提醒孩子收斂一點，不要再這麼做了！」

你感到疑惑，也有些緊張，究竟發生了什麼事？

導師接著說：「這孩子其實很乖，也很用功，但就是有個毛病。他總是喜歡在上課時不斷發問，拚命要跟老師討論問題，追根究柢。他一堂課可以發問個十幾次，一討論下來，就花了快半節課。我們當然樂見孩子主動提問，但是，這也會耽誤老師的上課進度。許多任課老師都很困擾，頻頻向我抱怨。我提醒過他，也制止過他，但他依然故我。可不可以請家長，也幫忙提醒一下孩子？」

掛上電話，你看著孩子，心想著該如何跟他討論這件事。你認為該如何開口呢？

大部分的家長常常心一急，便找孩子過來問話：「老師剛剛打電話過來，說你上課的時候常常插嘴、干擾上課，有沒有這樣的事情？」

接著，沒等孩子回應或解釋，便拉開嗓門：「我拜託你，上課的時候就安靜一點，好嗎？不要老是愛打斷老師上課。為什麼管不住自己的嘴巴呢？真的讓人很困擾耶！」

講完後，又看著孩子再強調一次：「可以嗎？可以做得到嗎？安靜一點，知道了嗎？」

只見孩子點點頭，但擺著一張臭臉。

這樣的問話或訓斥，通常是在大人氣急敗壞時，脫口而出的慣性話語。可想而知，這樣不但無法幫助孩子學會適當的行為，反而還會破壞親子關係，拿走孩子身上的力量。

請記得，當我們情緒高漲時，是不適合和孩子談話的；否則很可能會像上面的對話，曲解孩子的行為，把他對老師的頻繁提問，理解成插嘴、干擾上課。孩子內心感到委屈，當然很難接受教誨。

家長需要先安頓自己的情緒狀態，然後想想，如果透過正向聚焦來與孩子對話，可以怎麼做？也許對話如下：

家長：「孩子，剛剛我接到導師的電話，他說你在上課時，總是積極提問，樂於與老師討論問題。哇！我現在才知道，你這麼熱愛學習、求知欲強、積極參與課堂活動（行為表現）！而且，你要能問問題，又可以與老師在課堂上對話，一定具備了獨立思考的能力（個人強項）；更難得的是，我看到你很勇敢，敢在課堂上提出自己的問題與想法（個人強項）；

我很懷疑，其他同學是否做得到。如果是我，應該是不敢公開發言呢（向外比較）！」

（孩子因為被稱讚，感到很開心）

家長：「你有發現自己這麼棒的地方嗎？能勇敢在課堂上與老師討論問題，你是怎麼做到的（引導自我肯定）？」

孩子：「沒有啦！我只是覺得，有問題就要趕快弄懂呀！這樣才會學得好嘛！」

家長：「所以，你相信，要學得好，就應該立刻把問題弄懂，是這樣嗎（信念）？」

（孩子點點頭）

家長：「我覺得這是很好的學習態度，也很欣賞你這麼做（情感聯結）。不過，這卻會遇到一個問題呢！你的導師告訴我，當你在課堂上發問太多次，很容易干擾到上課進度，這對老師可能是個困擾哦！你有發現嗎？」

孩子：「呃……我不知道耶……。」

家長：「我們可以一起想想看，如何繼續保持這麼好的學習態度，同時又不會為老師帶來困擾。你覺得，可以怎麼做呢？」

所有行為都是一體兩面的。「頻繁發問」這個舉動，你可以把它解讀成「干擾老師的上課進度」，也可以解讀成「孩子求知欲強，具有獨立思考、勇敢發言等特質」，兩者同時存在，端看你把眼光放在哪一邊。

用正向聚焦的方式引導孩子，會先把眼光放在孩子行為背後的善意與功能。先說出孩子這麼做，是熱愛學習、求知欲強、積極參與課堂的表現，代表孩子有獨立思考與勇敢的個人強項，同時肯定他對於有效學習的信念。這麼做，就已經讓孩子感受到十足的力量了。

接下來，我們再把問題點出來，孩子自然比較願意接受，同意自己需要做一些調整或改變。如此，親子就能一同討論更妥善的方案，同時兼顧「孩子的發問與討論」和「老師的課程進度」的需求。

point

重點回顧

孩子犯錯了，是否能責備？責備是手段，目的是為了避免孩子再犯；然而，責備常會帶來許多副作用。正向聚焦不僅能幫助孩子避免再犯，同時也不會讓孩子心生抗拒。甚至可以說，幾乎沒有任何傷害。

孩子明知道是錯事，為什麼還要去做呢？答案是，孩子遇到困難了，而犯錯或問題行為，正是他用來因應困境的手段或策略。大人要做的，是試著去理解他遇到什麼困境，甚至與孩子一同討論，找出新的因應策略。

在正向聚焦之後接著找缺點、翻舊帳，很容易讓孩子感覺到，自己的努力與改變被潑了冷水，於是又打回原形。此刻，大人很需要及時踩煞車，在正向聚焦後就別再說了。

孩子犯錯了，該教的還是要教；有時候，也難免需要講比較重的話。然而，要讓孩子能聽得進去，誠心接受，並且願意改變，先決條件是親子間有累積足夠的關係資本，而關係資本來自於平時大量出現的正向回應。

3 培養看見美的眼光

「請寫下孩子的三個優點！」

台上的人一聲令下，座位上的聽眾開始振筆疾書。有的人飛快完成，有的人則抱頭苦思。

這是我在針對家長親職教育的演講中，經常邀請家長一起做的練習。有時，我會見到不少家長呆望著講義，遲遲難以下筆。這時，我會給予多點提示：「想一想，在孩子的生活中，你觀察到他做得不錯的地方是什麼？」接著不忘加上一句：「儘管只是一點點、小小的優點也好。」

有一次，我見到一位家長不斷搖頭嘆氣，於是前去關心。他告訴我，沒有，孩子身上，完全沒有任何值得肯定的地方。

我心想，怎麼可能會沒有？於是問：「例如說，回到家，會把自己的鞋子擺進鞋櫃嗎？吃完飯，會把自己的碗拿到廚房流理台嗎？上學會準時出門而不遲到嗎？回到家，願意和家人打聲招呼嗎？」

我試圖舉幾個生活中常見的例子。沒想到，這位父親仍然搖頭，眼神中盡是無力感：「沒有！都沒有！」

「沒關係！我看到你很努力在思考了，這需要慢慢練習。」我仍然給這位父親一些肯定。

然而，我心裡很納悶：「是孩子身上真的一個優點也沒有，還是你根本不願意去看見？」

我不斷在各種場合推廣正向聚焦，特別是對家長與老師，因為我知道，有效的肯定與讚美，會增加孩子的內在力量，並促成他積極正向的轉變。

然而，正向聚焦困難的，不是找不到孩子身上值得肯定的地方，而是大人本身早就閉起發現美的眼睛，當然看不見。而且很可能，大人也時常覺得自己不夠好。

關照那個不夠好的自己

「如果沒有刻意學習，我大概是個嚴重悲觀，又難相處的人吧！」

上面這句話，是過去我還在學校服務時，所認識的一位老師說過的話。她是個很懂得正向聚焦的人，總能細數孩子身上的種種優點，從她眼睛看出去的孩子，每個都是如此成熟、懂事。影響所及，她所帶的班級，總是瀰漫著友善與合作的氛圍，讓我打從心底佩服。

有一次，我忍不住問這位老師，何以總是能夠如此正向？她告訴我，是在當了老師之後，因為發生一些事，才決定刻意自我改變。過去，她是個相當苛刻的人，對自己刻薄、對學生苛求，也總愛挑剔另一半。而她更不懂，為什麼自己的生活如此不快樂？

她生長在一個頗為富裕的家庭裡，從小要什麼有什麼，也受到很好的照顧與栽培。身為家裡的獨生女，父母自然對她有很高的期許。

成長過程中，她的各項表現都很優異，卻有一個永遠無法超越的對手，就是她的堂姊。雖說是堂姊，兩人實際上是同一屆。她的成績全班第一，但堂姊硬是全校第一。兩人高中都考上第一志願，但是堂姊的成績，始終比她好一些。

每次家族聚會，談起孩子的成長與課業表現，她發現父母總有些落寞。回到家後，她就會被父母不斷叮嚀，要再更努力一點：「堂姊可以做得到，為什麼妳就做不到？」

有時候，她難得有良好表現，期待能獲得讚許，父母卻說：「這又沒什麼，看看妳堂姊，成績好，還被選為模範生，妳要多向她看齊，別太得意自滿了！」

大學聯考，堂姊一如眾人預期，考上醫學系，成了家族之光；她則進入師大就讀，畢業後成為一位老師。

「我一直不服氣，也很厭惡自己！我氣自己怎麼如此不爭氣，暗自發誓，有一天一定要超越她！說也好玩，雖然我當不成醫生，稱不上是家族之光，但我後來嫁給了醫生，也算是扳回顏面吧！」

長大之後，堂姊已經不再是假想敵了，但她卻成了一個看自己總是不順眼的人，對自己有著高度的自我要求，當然，也如此看待自己的另一半，因此與先生衝突不斷，婚姻亮起了紅燈。

在學校，她採用高壓方式控管學生，動不動就發飆，辱罵學生，弄得師生關係相當緊張。

有一年學生要畢業了，舉辦謝師宴，竟然沒有邀她這位導師出席。她火冒三丈，覺得備受羞辱，獨自走在路上，一邊吹著冷風，一邊想著：「我這是何苦？在學校，與學生處得不愉快；回到家，也覺得婚姻不幸福。我看別人總是不順眼，事實上，有問題的人，是我自己吧！」

從那一刻起，她決定要改變，於是開始透過各種學習，培養看見美的眼光。

「而最重要的是，要先看見自己的美好！」她微笑著告訴我。

我很同意這位老師說的，學習先看見自己的美好。因為在我從事助人工作的這些年，看到太多類似的例子了。

不知道有多少人，因為受到家庭成長經驗的影響，長大後成了自我厭惡的人，看自己不順眼，也把別人都視為假想敵，總要挑剔別人的缺點，抱怨別人的不是。事實上，是覺得自己不夠好。而透過指責與貶低別人，可以感受到些許的自我價值。

如果你也無法看見自己或他人身上的美好，請回頭想一想，原生家庭中的成長經驗是如何影響你，使你成了這樣的人？

理解這些，不是要你去抱怨或有個怪罪的對象，而是站在理解的基礎上，學習如何去超越，活出新的人生腳本。

但首先，你需要去覺察、接受並關照那個不夠好的自己。當你能正視問題時，就有了改變的可能。

從那位老師身上，我知道，看見美的眼光是可以刻意練習的；如果天生視力不足，那就把眼鏡隨身帶著，依然可以看得清楚。

自我肯定的三個自我對話練習

在心理諮商中，有許多技術可以幫助一個人提升自我價值。但如果要有長期的效果，當事人必須在生活中不斷練習，用新的想法與感覺，逐漸取代舊有的情感迴路。

你可以每天找個固定的時間，問自己三個問題，並試著回答。如果能準備一本筆記本，記錄下每天的答案，當做是在寫日記，那就更好了。

這三個問題分別是：今天，我做得不錯或值得被肯定的地方是什麼？我是如何幫助自己做到的？做到這件事，對我而言的意義是什麼？

1. 今天，我做得不錯或值得被肯定的地方是什麼？

回答這個問題，就是要設法找出自己的亮點，看到自己的難得之處。但許多人一開始就卡關了，左思右想後，說出的答案常常是「沒有」或「找不到」。

因為，每天的生活都如此平淡無奇，有什麼值得說嘴的呢？

因此，在回答這個問題時，有一個祕訣是：「即使是很小、很平凡的地方，都可以。」於是，我們不用把焦點放在自己做了什麼豐功偉業，而是日常生活中微小卻不錯的地方，例如多走了一段路、準時起床、少滑手機十分鐘、有和家人道早安、準時赴約等。

你可能會問：「這不是理所當然的事情嗎？」正因為我們是如此嚴格，把好多現象都視為理所當然，因此忽略了要好好讚賞自己。其實，這些理所當然，也都是長期花力氣去堅持的結果呀！

2. 我是如何幫助自己做到的？

這句話是假設，這些值得肯定之處絕非憑空出現，一定是你做了什麼，才促使它發生。也許你認為很自然，但你還是功不可沒；因為，若沒有你的允許，這些好事是不會發生的。我們就是要找出自己的付出、自己的努力、自己採取的有效方法。

你或許會說：「我今天會願意出門，是因為看到天氣晴朗；所以，我沒有做什麼呀！」那麼我要問，是什麼讓你願意看到外頭的藍天白雲，就選擇要出門呢？即使你沒有做什麼，但你內在的動機、渴望或念頭，左右了你去做出這件值得被肯定的事情，功勞還是要記在你的身上。

3. 做到這件事，對我而言的意義是什麼？

這是不容易回答的問題，但仍然很值得去思考。

有位父親告訴我，他在孩子放學後，刻意去稱讚孩子。看見孩子露出燦爛的笑容，他心裡暖洋洋的，覺得一切都值得了——這正是最大的意義。

有位正為體重煩惱的企業主管分享，他今天刻意走樓梯上公司，雖然很喘，但發現自己做得到，而這件事的意義就是「人有無限潛能」。

每個行為背後的意義，可能來自於自己的渴望、自己在乎的人，或者為社會、人群的使命，都有可能。當我們能為某件事找到特定的意義時，它便會被放到一個神聖的位置上，而且再次出現的可能性也會大增。

如果可以，不妨讓這三個自我對話練習，成為家中每天固定分享的話題吧！每天與家人聚在一起時，撥出一些時間，邀請每個人都說說，自己在這三個問題上的答案與發現。

無論家人分享了什麼，都要記得予以肯定與讚賞，用正向聚焦的方式回應對方。這麼做，就會為家庭形塑出一種正向的氛圍，讓每個人都培養出看見美的眼光，這是給孩子一輩子最珍貴的禮物。

運用同在模式，接納自己就是做不到

當我成了一位父親後，令我最感到氣餒的事情，就是明明知道，卻又做不到。

明知道，不要在孩子面前暴怒，但就是控制不住！

明知道，別對孩子碎碎唸，但就是脫口而出！

明知道，別拿孩子與別人做比較，但就是忍不住！

明知道，要給孩子空間去冒險，但就是會想干涉！

明知道，要正向看待孩子，但就是不由自主的找缺點！

教養與心理書籍我讀了不少，也算是這領域的專家，因此對自己身為家長的角色，自然也就有更高的期許。每當發現自己做不到時，失望就愈多，自責也愈深。

這幾年，我慢慢領悟到，成長過程中，我們一直被要求對自己苛刻點；但其實還有一門功課忘了修，那就是學習對自己寬容。特別是在擔任父母或老師的角色上，對自己寬容，是一件無比重要的事情。

所謂對自己寬容，就是允許自己可以做不到。看到這裡，相信許多人內心升起了恐懼，畢竟我們從小到大聽到的教條與訓斥，都是不可以縱容自己。那麼，對自己寬容，允許自己可以做不到，根本就是自我放棄，這怎麼行？

前面提到的那位老師，曾經跟我說：「其實，我也常又陷入悲觀、抱怨之中，也時常會帶著敵意去挑剔別人的缺點。雖然我很努力，但是也時常破功呀！」

「那妳怎麼辦呢？」

「這個時候，我會很氣我自己！但是，當我覺察到自己與自己打架時，就會在心裡面喊停，然後告訴自己：『放過自己吧！』」

「放過自己？」

「對！就是提醒自己，我很努力抱持正向心態，同時，也可以偶爾做不到，沒有關係的。」

原來，允許自己做不到，不是自暴自棄，也不是不期不待；而是在努力朝自我期許前進的同時，也願意接受自己做得不夠好，失敗也沒關係。

這正是一種「同在模式」的處世哲學。好與壞、善與惡、光明與黑暗、正向與負向、成功與失敗，同時並存，承認那些都是人生的一部分，都願意去接納。當一個人能夠坦然接受，自己身上同時並存的各個部分時，他才會是一個完整的人。

所以，如果你暫時無法擁有正向的眼光，沒關係，就允許自己暫時做不到吧！同時你要知道，有時候，你也可以正向看待自己或他人；因為，「行為不會一成不變」。

請時常溫柔的如此告訴自己：「我願意努力帶著正向的眼光去看待事物，同時，我也允許自己可以做不到。雖然，我仍常常負向聚焦，同時，我也看到自己一直很努力，願意讓自己的眼光變得更正向。」

請對自己寬容一些，不加批判的允許好壞並存。因為這樣的人生，才稱得上完整。

point

重點回顧

正向聚焦困難的，不是找不到孩子身上值得肯定的地方，而是大人本身早就閉起發現美的眼睛，當然看不見。而且很可能，大人也時常覺得自己不夠好。

如果你也無法看見自己或他人身上的美好，請回頭想一想，原生家庭中的成長經驗是如何影響你，使你成了這樣的人？同時，站在理解的基礎上，學習如何去超越，活出新的人生腳本。

透過三個自我肯定的對話練習，對自己正向聚焦。這三個問題分別是：今天，我做得不錯或值得被肯定的地方是什麼？我是如何幫助自己做到的？做到這件事，對我而言的意義是什麼？

讓這三個自我對話練習，成為家中每天固定分享的話題。每天與家人聚在一起時，撥出一些時間，邀請每個人都說說，自己在這三個問題上的答案與發現，為家庭形塑出一種正向的氛圍。

允許自己做不到，不是自暴自棄，也不是不期不待；而是在努力朝自我期許前進的同時，也願意接受自己做得不夠好，失敗也沒關係。

請時常溫柔的如此告訴自己：「我願意努力帶著正向的眼光去看待事物，同時，我也允許自己可以做不到。」

4 打造正向聚焦的團體文化

如果你是家長，而孩子出現問題行為，像是偷竊、吸菸、沉迷網路、頂撞師長、作弊……儘管你費盡心思，孩子的問題依然沒好轉，你會如何看待這件事呢？

觀點一：生到這樣天生頑劣的孩子，有什麼辦法？

觀點二：唉！我就是個失敗的家長，我無能為力了！

觀點三：也許是我還沒找到適當的方法，我再試試看。

觀點四：雖然不盡如人意，但我看見自己已經很努力了。

觀點五：孩子的改變沒那麼快，也許需要再多點時間。

如果你是老師，而學生正在自甘墮落、自我放棄，儘管你不離不棄、循循善誘，仍然無力回天，你會如何看待這件事呢？

觀點一：學生自己不會想，選擇自毀前程，誰都救不了！

觀點二：花了這麼多力氣，還搞不定，我真是失敗！

觀點三：也許是我還沒發現問題的關鍵，我再試試看。

觀點四：雖然學生每況愈下，但我仍然沒有放棄呀！

觀點五：也許只是改變的時機未到，不代表我的努力沒有效。

成為具備成長心態的師長

不管你是家長還是老師，面對孩子的困境，雖然想拉他一把，總有力有未逮的時候。那時，你的腦中會不斷出現各種聲音，代表各種不同看待事情的觀點。常見的，大概就是上述五種。

你是否能夠辨識出，在剛剛的兩個情境中，哪些觀點偏向正向聚焦，哪些則偏向負向聚焦？若是正向聚焦，又聚焦在哪裡呢？

很顯然，後面三項觀點，比起觀點一、二，更符合正向聚焦。而觀點三、四、五也屬於「成長心態」，這些想法傳遞出一份信念，相信困境有可能被突破，只要透過更多努力、找到新的方法、再多一些時間等待，事態就會有不同的發展可能。

有句話這麼說：「人在江湖飄，哪有不挨刀？」做家長的，誰沒有被孩子搞得傷痕累累過呢？做老師的，也時常玻璃心碎滿地。這些情形，都是再正常不過了。

然而，如果我們擁有「成長心態」，在接受事情不如人意的同時，能正向聚焦在自己的努力、付出與堅持上，就不容易被教養的挑戰打倒。我們會繼續找方法、找答案，持續學習，彈性變通，而非處在無限的自責與抱怨之中。

而這麼做，就是最好的身教。孩子會從你身上學到成長心態，也會被你影響，懂得如何正向聚焦——不管是對自己或對他人。

感恩日記與觀功念恩

如果你問我，有什麼簡單的方法，能夠提升生活滿意度？我會告訴你，去寫「感恩日記」吧！

「感恩日記」是由正向心理學家提出，已被證實能讓人感覺更幸福的有效途徑。做法是準備日記本，每天記錄一件生活中值得感恩的事情，不間斷的持續下去。你會發現，日子愈過愈愉快——即使生活中狗屁倒灶的事從來沒少過。

感恩日記之所以有效，就是讓人練習，將眼光聚焦在生活中正向的事物上，而非沉浸在災難與不幸當中。

因為，感恩可以使人看見生命中光明的一面，而抱怨則讓人專注在痛苦與悲劇中。

如果，我們把感恩的習慣從個人擴及群體，讓它不只是個人化的選擇，而成為團體文化的一部分，那會怎樣呢？

十幾年前，我剛進到學校服務。有一次監考，我在座位行間巡視。走到教室後面的布告欄，有個畫面抓住了我的視線。

那大概是一個半開海報大小的版面，貼滿各種顏色的便利貼。便利貼上寫著：「某某某，謝謝你做了……」之類的文字，下方還會署名。看得出來，每張便利貼上的文字，都是不同的人寫的。

儘管沒有任何一張便利貼有提到我，但光是閱讀這些文字，就令我感到心情愉悅。

監考結束後，我立刻去找該班的導師，詢問那是怎麼一回事。

「哦！那是在練習『觀功念恩』啦！」班導師笑著說。

「觀功念恩？」那是我第一次聽到這個詞。

班導師點點頭：「對！這是我為了讓學生能養成感恩與正向思考的習慣，所以在班上實施的活動。我要求每位同學，每個星期都在便利貼上，寫下一位想感謝的班上同學，具體描述他做了什麼好事與值得感謝之處，貼在教室後面的布告欄上。」

他接著說：「每個星期一次，到了週末，被提到的同學，可以把便利貼帶走做紀念。這麼做，一方面能讓孩子培養以善意看待他人的眼光，另一方面也可以讓孩子知道，自己對班級是有貢獻的，因而不妄自菲薄，並藉此提升自信心。」

我打從心底佩服這位導師的用心，透過這種方式，營造班級懂得感恩的風氣。難怪我每次接觸這個班的學生，總是覺得孩子特別體貼、成熟、有禮，學習氛圍特別好。

漸漸我發現，原來學校裡有很多個班級，都在實施這樣的活動，這些導師都有相同的理念。更後來我才知道，「觀功念恩」早就是全台很多老師推行的班級活動。

這便是用團體的力量，達到團體成員共同向上提升的實例。俗話說：「近朱者赤，近墨者黑。」一個人若長期浸潤在擁有感恩習慣的環境中，便很容易受到影響，也養成感恩的習慣。而這，不就是讓孩子學習正向聚焦最好的方式嗎？

所以，如果可以，不妨在家庭中、教室裡或任何組織內，創造正向聚焦的團體風氣，打造一個以正向聚焦為互動基礎的團體文化，讓其中每個成員，都自然的將正向聚焦帶進人際關係中。

這幾年，我受邀去以社會企業模式經營的非營利組織「無憂花學堂」授課，慢慢成為長期合作的夥伴關係。

無憂花學堂的江宏志執行長，過去是企業高階主管，也是知名企業講師。退休後，他選擇從事公益推廣，號召理念相符的志工夥伴，一同創辦了這個團體。

在一次的閒聊中，他這麼告訴我：「我觀察到，這個社會上，有很多人都不快樂！為什麼呢？因為抱怨。」

他稍微停頓了一下，然後繼續說：「這些人為什麼會抱怨呢？因為總是看見自己的不足，看見他人的不對，看見世界對自己的不公。也就是說，許多人是滿載怨念的過每一天。甚至，許多生活條件已經夠好的人，也是每天不停抱怨。」

我專注的聽，他繼續講：「所以，我想推廣的理念只有一個，就是『See the good』！」

「See the good？」我隨口複誦了一次。

「嗯！就是看見生活中美與善的部分，練習『觀功念恩』而不是『觀過念怨』。」

「See the good！」彷彿咒語一般，他再唸了一次。這是他的理念，也是他的口頭禪。最終，他希望這能成為一股社會風氣，讓每個人的幸福感倍增。

大人怎麼做，孩子就怎麼學

打造正向聚焦的團體文化，這理想看似崇高，但其實不難實踐，只要從自己的生活做起就可以了。

若你是一位家長，那就在自己的家庭做起；若你是一位老師，那就在自己的班級做起。

不過我也得提醒你，當這樣的團體文化逐漸形成時，通常可能帶來兩個風險。

第一，抱怨、挑剔等負向聚焦的言行，在團體中將不受歡迎，也不再被允許出現。一旦出現，就會被視為異端，遭受指責、批判、排斥，甚至強行矯正。然而，如果這麼做，這團體不又進入負向聚焦的模式了嗎？

沒有人想要一天到晚陷在愁雲慘霧中，也沒人沒事就要帶著敵意看世界，他們通常是遇到困境才會如此，很需要被理解、被接納。而我們是否有能力，看見抱怨、挑剔等負向聚焦行為背後的正向意圖呢？

第二，如果你想帶起正向聚焦的團體風氣，首先必須將正向聚焦的習慣落實在生活中，成為這樣的人。如果無法以身作則，任何的理念、口號、行動方案，都只會流於形式，終告失敗。

有些父母要孩子懂得感恩，但整天都在批評同事如何虧待自己，或是挑剔另一半的不是。那麼，孩子學到的，會是感恩還是抱怨呢？

有些父母要孩子能自我肯定，但整天都在自我批判、自我否定。那麼，孩子學到的，會是自信還是自卑呢？

不少老師在班級中推廣「觀功念恩」的活動，常常是初期頗為熱絡，但接著學生就開始有一搭沒一搭，配合度降低，或是寫起玩笑話，最後不了了之。為什麼呢？

關鍵在於，老師自己沒確實去實踐這份理念，仍常常看見孩子的不是、指責孩子的不對、批判孩子的不足。孩子的眼睛是雪亮的，當大人的言行不一時，他會相信自己親眼所見，而非那些崇高理念與空泛口號。

point

重點回顧

不論是教養或教育孩子，挫敗累累是正常的。如果大人本身擁有「成長心態」，能正向聚焦在自己的努力、付出與堅持上，就不容易被教養的挑戰打倒。我們會繼續去找方法、找答案，持續學習，彈性變通。

感恩日記之所以能有效提升生活滿意度，就是讓人練習，將眼光聚焦在生活中正向的事物上，而非沉浸在災難與不幸當中。因為，感恩可以使人看見生命中光明的一面，而抱怨則讓人專注在痛苦與悲劇中。

打造正向聚焦的團體文化，這理想看似崇高，但其實不難實踐，只要從自己的生活做起就可以了。若你是一位家長，那就在自己的家庭做起；若你是一位老師，那就在自己的班級做起。

當團體中有人負向聚焦時，我們要做的不是排斥、否定他，而是試著看見，那些抱怨、挑剔等負向聚焦行為背後的正向意圖。

如果你想帶起正向聚焦的團體風氣，首先必須將正向聚焦的習慣落實在生活中，成為這樣的人。如果無法以身作則，任何的理念、口號、行動方案，都只會流於形式，終告失敗。

Excercise

附錄

正向聚焦的回應練習

情境

孩子面對考試失常與焦慮

這幾天，孩子常心神不定，愁眉苦臉。有一天放學後，孩子告訴你，他某科考試成績不理想。你想安慰孩子，他卻說：「我以前都可以考很好，最近真是爛透了！」還氣憤的說：「我明明很努力了呀！」

最近兩個月以來，孩子的各科考試成績，確實有些下滑，但整體而言還不錯，幾乎都有九〇分以上。但孩子不滿意，他難過的說：「完蛋了！我就要被擠出前三名了！」

你有些心疼，又覺得孩子太在意自己的名次了。於是，你告訴孩子：「第幾名不重要，有努力、有學到了就好！」但是，孩子似乎不允許自己成績退步，認為沒有占據班上的領先群，就等於功課不好，是個失敗者。

眼看下個禮拜就是期末考，孩子一方面為前幾次考試不如預期而懊惱，另一方面又擔心期末考會考得更糟，因而心神不寧，食欲不振，晚上也睡不好，成天擺著一張苦瓜臉。

正向聚焦練習

想一想，在這個情境中，你若是孩子的家長，該如何運用正向聚焦，幫助孩子面對眼前的困境呢？請試著透過二大脈絡、五種層次及三項佐證，引導孩子見證自己的不簡單！

二大脈絡

◯聚焦在結果

○聚焦在過程

五種層次

○聚焦在行為表現

○聚焦在個人強項

○聚焦在期待（正向意圖）

○聚焦在信念／價值觀

○聚焦在身分認定

三項佐證

〇向外比較

〇自我比較

〇標準比較

另外，為了幫助孩子跳脫目前的糾結，如何透過「提問式引導」的正向聚焦，帶領孩子找回面對挑戰的內在力量呢？

〇釐清目標

○師法過去

○複製卓越

○自我肯定

○關係聯結

二大脈絡 × 五種層次 × 三項佐證

正向聚焦的焦點		回應
二大脈絡	結果	考試成績不如預期，讓你感到很沮喪吧！但我觀察到，你的成績一直保持在一定水準，即使微幅下滑，仍然很優異。
	過程	我看到，一直以來，你花了很多心力在課業上。每天都會主動溫習功課，對於每一次考試，你都全力以赴，相當不容易呀！
五種層次	行為表現	你說你的成績退步了，我也有發現。然而，整體而言，還是保持在一定水準。我很好奇，你究竟是怎麼幫助自己，可以保持住的呢？
	個人強項	我觀察到，你對自己的成績退步感到很懊惱，顯然你對課業學習，一直抱持著積極的態度。真不知道這份堅持與毅力，是如何來的呢？
	期待（正向意圖）	你對即將到來的期末考，感到焦慮萬分，是因為你在意與重視成績，希望自己在課業上能夠持續突破。

正向聚焦的焦點		回應
五種層次	信念／價值觀	你很在意課業表現，而且不願意考輸別人，對你而言，這可能是個證明自己能耐的方法。而且，你相信「一分耕耘，一分收穫」，因此繼續堅持，不願放棄。
	身分認定	當我看到你對即將來臨的考試感到焦慮萬分時，我知道你是一個自我負責的孩子；這令我感到很欣慰。
三項佐證	向外比較	我知道，有很多孩子根本不在意自己的成績，或者認為有點退步也不算什麼，但你不一樣。
	自我比較	我看到，即使成績有些退步、接下來的考試有些艱難，你卻比過去花更多心力在課業上。你不但沒有被打垮，反而加倍努力。
	標準比較	你每天願意花兩個小時以上溫習功課，這已經相當難得了。

提問式引導的正向聚焦

家長：「這幾次考試成績不如預期，肯定讓你很不好受。你一直都是個自我要求很高的孩子，但現在似乎遇到挑戰了。如果可以的話，你希望自己有什麼不同呢（釐清目標）？」

孩子：「我希望可以每次考試都拿一百分，都是班上第一名。」

家長：「要是能這樣當然最好。但這對大多數的人來說，好像太過理想了。如果，我們標準放低一點，當你看到自己與現在有什麼不同時，會比較能接受呢（釐清目標）？」

孩子：「我知道，只要我再努力一點點，還是有機會考好的。但我對下週的期末考一直很緊張，不知道怎麼辦才好。」

家長：「如果說可以不緊張，那你會看到自己是如何準備考試的呢（釐清目標）？」

孩子：「就像之前一樣，很有信心，可以按部就班的把考試進度都複習完。」

家長：「我明白了，謝謝你願意告訴我！那麼，我很好奇，之前，你是否也曾對考試感到緊張過呢（師法過去）？」

孩子：「嗯！好像也有，但沒有這次那麼緊張。」

家長：「那時發生了什麼事？你又是如何面對緊張的呢（師法過去）？」

孩子：「有一次，我代表班上去參加語文能力測驗，那時我也緊張了好幾天。我一直告訴自己不要緊張、不要緊張⋯⋯。」

家長：「你不斷對自己信心喊話，是嗎？然後呢？」

孩子：「好像還是很緊張⋯⋯。」

家長：「那麼，你是怎麼克服的呢？這樣的煎熬，你是如何度過的呢（師法過去）？」

孩子：「我實在太緊張了，老師給我的教材，一直讀不下去。於是我就上網，找一些關於語文的趣味測驗，從簡單的開始挑戰，還滿好玩的。然後，就忘記緊張了。」

家長：「哇！看來，你懂得運用其他方法來準備比賽哦！」

孩子：「而且，最後比賽成績還不差！」

家長：「那麼，上次的經驗，能夠如何幫助你面對接下來的考試呢（師法過去）？」

孩子：「或許我應該改變溫習功課的方式。」

家長：「有道理哦！之前的考試成績不理想，或許是在告訴你，讀書方法需要調整一下了。那麼，你要如何改變自己溫習功課的方式呢？」

孩子：「我大概會上網找找看，或者去問問看老師。」

家長：「我看到你能主動找方法，為自己解決問題。你有看到自己做得很棒的地方嗎（自我肯定）？」

孩子：「我覺得我很有毅力，就算很緊張，仍然沒有放棄！」

家長：「還有嗎？還有其他值得被肯定的地方嗎（自我肯定）？」

孩子：「我對自己的要求很高，這樣算嗎？」

家長：「嗯！這很不容易！你擁有高度的毅力與高度的自我要求，你最希望讓誰知道呢（關係聯結）？」

孩子：「應該是你們吧！」

家長：「謝謝你這麼重視我們。我們看見了，也知道你是如此有決心、肯努力，對自己有很高的期許。我們一直為此感到很欣慰哦！」

情境

孩子常把同學的東西給弄丟

一天晚上，你在孩子聯絡簿上看到老師的留言，得知他把同學帶到學校的足球給弄丟了。你向孩子求證這件事，只見他低著頭承認，臉上盡是懊悔與不安。

你想起，上個月也發生過類似的事情，孩子向同學借小說來看，卻不知道丟到哪裡去了。因為沒東西能還同學，所以硬著頭皮跟你說，最後只好買一本新的還給同學。

你問孩子：「怎麼老是把別人的東西搞丟？」孩子嘟著嘴說：「我也不知道。」你接著問：「這次該怎麼辦？」他只是低著頭，一言不發。

你告訴孩子：「下不為例。如果再把同學的東西弄丟或弄壞，就要自己想辦法。」孩子一聽，連忙點頭說：「好好好！我以後絕對不敢了！」

你嘆了口氣，想著該如何讓這孩子有多點責任感，會愛惜向別人借來的物品。

正向聚焦練習

想一想，在這個情境中，你若是孩子的家長，該如何對孩子表達正向聚焦呢？請試著透過二大脈絡、五種層次及三項佐證，在犯了錯的孩子身上，找到值得肯定之處吧！

二大脈絡

○聚焦在結果

○聚焦在過程

五種層次

○聚焦在行為表現

○聚焦在個人強項

○聚焦在期待（正向意圖）

○聚焦在信念／價值觀

○聚焦在身分認定

三項佐證

○向外比較

○自我比較

○標準比較

另外，為了幫助孩子避免再犯同樣的錯誤，你可以如何透過「提問式引導」的正向聚焦，帶領孩子進行反思，並找到因應困境的新方法呢？

○釐清目標

○師法過去

○複製卓越

○自我肯定

○關係聯結

正向聚焦的焦點		參考回應
二大脈絡	結果	我觀察到，你不是每次都會把跟同學借的東西弄不見。很多時候，你都可以完好還給同學。
	過程	你願意第一時間承認，把同學的東西弄丟了，真的很不容易！而且，你是有心要承擔責任的。
五種層次	行為表現	雖然你闖禍了，但願意直接承認，這很值得肯定，謝謝你願意去面對。
	個人強項	當你把同學的東西弄丟時，你沒有隱瞞，而是主動找我幫忙，顯然你是誠實且願意負責任的。
	期待（正向意圖）	我相信，你絕對不是故意要把同學的東西弄丟，也很希望可以把借來的東西，完整的還給同學。

二大脈絡 × 五種層次 × 三項佐證

正向聚焦的焦點		參考回應
五種層次	信念／價值觀	而且，你一定明白，人與人之間是互相的。如果常常把同學的東西弄丟，很可能會被討厭，未來也沒有人願意借東西給你了。
	身分認定	你是個在人際關係之中，願意負起責任的人。
三項佐證	向外比較	如果是我，大概不敢承認這件事，因為可能會被罵。你比我勇敢多了！
	自我比較	比起之前，你把弟弟的東西弄壞卻打死不承認，最近幾次都能勇於面對，我看到你進步了。
	標準比較	先不論把同學的東西弄丟了，你能敢做敢當，這是非常可貴的。

提問式引導的正向聚焦

家長：「我相信，你也不希望這樣的事情一再發生。那麼，你期待未來的自己，有什麼不一樣的表現呢（釐清目標）？」

孩子：「向同學借來的東西，都能夠愛惜和小心保管，而且完整的還給同學。」

家長：「我觀察到，你不是每次都把同學的東西弄丟，大多數的時候，你都可以把同學的東西保管好，並且如期歸還。當時，你是怎麼幫助自己做到的呢？你用了什麼方法，或是如何提醒自己呢（師法過去）？」

孩子：「如果是借小說、漫畫或筆記回家，我會盡量把它們都放在書包裡，看完後就放回書包，而且，不會再借給其他人。」

家長：「但這一次，你是在學校把同學的足球弄不見。到底發生什麼事了呢？」

孩子：「因為，我們在下課時踢足球，我踢得太用力了，把足球踢到學校圍牆外，然後就不見了。」

家長：「原來如此！那麼，有了這次的經驗，下次又遇到類似狀況時，你會怎麼辦呢（複製卓越）？」

孩子：「我會盡量控制力道，踢小力一點，以免球亂飛不見了。」

家長：「謝謝你願意思考，也願意與我分享你的想法。你覺得，你在這幾次的事件中，有什麼自認做得很棒的地方嗎（自我肯定）？」

孩子：「我都會直接承認，而不是隱瞞或把錯推到別人身上。」

家長：「哇！這真的很不簡單耶！你是如何做到的呢？當這麼做時，又為你帶來什麼，或是讓你學到什麼呢？」

孩子：「我發現，如果我第一時間就承認錯誤，同學比較不會那麼生氣，也比較願意原諒我。」

家長：「我很高興你有這樣的學習與體會！當你是如此敢做敢當、勇於承認的時候，你最希望讓誰知道或被誰看到呢（關係聯結）？」

孩子：「我們班導師。」

家長：「怎麼說呢？」

孩子：「我希望他能知道，我不是故意的，而且，我有努力在彌補。」

情境

孩子的說話態度不佳

你發現，最近這陣子，孩子對你說話的語氣常常很不客氣。不是面露不耐，就是用咆哮的，時常大聲的說：「吼！你不懂啦！」「你很奇怪耶！」「拜託你不要管我好不好！」

你想，可能是因為孩子即將進入青春期，情緒起伏不定、說話比較衝是常態。然而，孩子的口氣與態度不佳，又讓你感到很受傷。你希望能得到孩子的尊重，曾經好幾次提醒孩子：「說話的態度要和善，不要動不動就暴怒。」卻得到孩子這樣的回應：「是你們很難溝通，我講什麼，你們根本都不懂！」甚至還說：「對啦！我就是脾氣不好、態度不好，怎麼樣？」

你很無力，這樣根本無法與孩子溝通呀！

想一想，在這個情境中，你若是孩子的家長，該如何運用正向聚焦，幫助孩子改善現況？請試著透過二大脈絡、五種層次及三項佐證，來回應孩子令人反感的態度。

二大脈絡

〇聚焦在結果

〇聚焦在過程

五種層次

○聚焦在行為表現

○聚焦在個人強項

○聚焦在期待（正向意圖）

○聚焦在信念／價值觀

○聚焦在身分認定

三項佐證

○向外比較

○自我比較

○標準比較

另外，為了幫助孩子改善對家長的說話態度，可以如何透過「提問式引導」的正向聚焦，帶領孩子建立和善的溝通習慣呢？

○釐清目標

○師法過去

○複製卓越

○自我肯定

○關係聯結

正向聚焦的焦點		參考回應
二大脈絡	結果	你也有發現，自己對我們講話的態度不是很好吧！但我也觀察到，並不是每次都這麼糟，有時候也能和顏悅色，你有發現嗎？
	過程	即使你時常說出一些令我們受傷的話，但我知道，你也常常很懊惱。這顯示你有努力在控制自己的脾氣，看來很不容易呀！
五種層次	行為表現	謝謝你願意發現，自己說話的語氣或態度有待改進，這是很值得肯定的。
	個人強項	我觀察到，其實你很努力也很用力的要與我們溝通，或許說出來的話不是很好聽，但你相當積極，而且有話直說，不會拐彎抹角。
	期待（正向意圖）	當你這麼大聲對我們說話時，我想你正在用力的表達自己，想要讓我們理解你，是嗎？

二大脈絡 × 五種層次 × 三項佐證

正向聚焦的焦點		參考回應
五種層次	信念／價值觀	你覺得將自己的想法充分表達出來，是很重要的事。
	身分認定	你是個願意溝通、表達的人。
三項佐證	向外比較	許多青少年說話都很不客氣，但你不是每次都這樣，也懂得反省與自我控制，你比他們好多了。
	自我比較	那天，你什麼話都不肯說。而今天，你至少願意說出自己的想法。比起上次，我更喜歡你願意直接表達。
	標準比較	願意直接表達自己是好事，如果口氣可以溫和一點，那就更好了。之前有幾次你都能做到，讓我們感覺很受尊重，當時你是怎麼做到的呢？

提問式引導的正向聚焦

家長：「當你說『我就是脾氣不好』時，我知道，你也不喜歡這樣的自己。如果可以，你希望自己能有什麼不同呢（釐清目標）？」

孩子：「我希望你們能夠真的懂我。」

家長：「謝謝你願意告訴我內心的想法，我們也很努力的想理解你。不過，當你用近乎失控的情緒說話時，我們也聽不懂你要說什麼，而且覺得很受傷。我很好奇，你希望我們更懂你，怎樣叫做『更懂你』呢？」

孩子：「就是，認真聽我說話，然後，不要老是誤解我的意思。」

家長：「原來如此。謝謝你願意告訴我。那麼你覺得，你可以怎麼做，幫助我們更加理解你，而不會誤解你的意思呢（釐清目標）？」

孩子：「我不知道。」

家長：「有沒有什麼時候，你覺得我們有聽懂你的話？」

孩子：「有！上次我在說我為什麼成績退步的事情時。」

家長：「哦！我記得，我也很喜歡你那時候的說話方式。當時，你是怎麼讓我們懂你的呢（**師法過去**）？」

孩子：「其實，我在開口前已經想了很久，甚至還在想，如果你們很難溝通，我乾脆傳訊息給你們算了。」

家長：「我看見，你是多麼努力要與我們溝通，而且也努力控制自己的情緒。那次，你真的做得很好；所以，你是能夠心平氣和與我們說話的。你還有發現什麼自己做得很不錯的地方嗎（**自我肯定**）？」

孩子：「其實，我常會感到很後悔。我覺得自己懂得反省，只是，下一次又破功了。」

家長：「能自我反省就很不簡單了！如果有一天，你能做到與我們心平氣和的溝通，而讓我們都能充分理解你時，你最想讓誰知道呢（**關係聯結**）？」

孩子：「沒有誰，你們看到就可以了！」

家長：「謝謝你讓我知道，你是如此重視我們。我們也確實看見你的努力。讓我們一起努力學習，好嗎？我很喜歡你現在說話的態度，也比較能理解你的意思，你可以把這次經驗帶到我們未來的對話中嗎（**複製卓越**）？」

孩子：「好，我會努力嘗試。」

正向聚焦 / 陳志恆著 . -- 第一版 -- 臺北市：
親子天下，2020.07
面； 公分 . --（家庭與生活 ; 63）
ISBN 978-957-503-649-2（平裝）

1. 親職教育 2. 親子溝通

528.2 109010151

家庭與生活 064

正向聚焦 有效肯定的三十種變化，點燃孩子的內在動力

作者／陳志恆
責任編輯／盧宜穗．陳子揚（特約）
校對／魏秋綢
美術設計／ Bianco Tsai
內頁排版／連紫吟．曹任華
行銷企劃／蔡晨欣

天下雜誌群創辦人／殷允芃
董事長兼執行長／何琦瑜
媒體暨產品事業群
總經理／游玉雪
副總經理／林彥傑
總監／李佩芬
行銷總監／林育菁
版權主任／何晨瑋、黃微真

出版者／親子天下股份有限公司
地址／台北市 104 建國北路一段 96 號 4 樓
電話／（02）2509-2800　傳真／（02）2509-2462
網址／ www.parenting.com.tw
讀者服務專線／（02）2662-0332　週一～週五：09:00~17:30
讀者服務傳真／（02）2662-6048
客服信箱／ parenting@cw.com.tw
法律顧問／台英國際商務法律事務所．羅明通律師
製版印刷／中原造像股份有限公司
總經銷／大和圖書有限公司　電話：（02）8990-2588

出版日期／ 2020 年 7 月第一版第一次印行
　　　　　2024 年 9 月第一版第十六次印行
定　價／ 380 元
書　號／ BKEEF064P
ISBN ／ 978-957-503-649-2（平裝）